Bibliografische Information der Deutschen Nationalbibliothek:

Die Deutsche Bibliothek verzeichnet diese Publikation in der Deutschen National-
bibliografie; detaillierte bibliografische Daten sind im Internet über http://dnb.d-
nb.de/ abrufbar.

Impressum:

Copyright © 2007 GRIN Verlag, Open Publishing GmbH
Druck und Bindung: Books on Demand GmbH, Norderstedt Germany
ISBN: 978-3-668-14793-5

Dieses Buch bei GRIN:

http://www.grin.com/de/e-book/81077/angebotsbeschreibungen-fuer-online-ein-
kaufsportale-zur-automatischen-klassifizierung

Anja Klein

Angebotsbeschreibungen für Online-Einkaufsportale zur automatischen Klassifizierung und Informationsextraktion mittels Rekursiver Transitionsnetzwerke

Eine linguistisch-strukturelle Analyse

GRIN Verlag

Ludwig-Maximilians-Universität München
Centrum für Informations- und Sprachverarbeitung (CIS)

Abschlußarbeit
im
Aufbaustudiengang Computerlinguistik

Eine linguistisch-strukturelle Analyse von Angebotsbeschreibungen für Online-Einkaufsportale zur automatischen Klassifizierung und Informationsextraktion mittels Rekursiver Transitionsnetzwerke

Anja Klein

Inhaltsverzeichnis

0. Einführung

Das Einkaufen im Internet hat sich neben dem stationären Handel in den letzten Jahren zu einer tragenden Säule der Wirtschaft entwickelt. Die Menge der im Internet umgesetzten Waren hängt jedoch nicht zuletzt davon ab, ob der Verbraucher einen Anbieter und bei diesem das für ihn passende Produkt findet. Ohne eine umfassende Klassifikation von Produkten und eine ausgereifte Suchtechnologie ist das jedoch kaum möglich. Großer manueller Aufwand dafür ist natürlich sehr kostspielig. Es sollten daher Werkzeuge entwickelt werden, die durch umfassende Konfigurierbarkeit und Flexibilität beim Einsatz helfen, große Mengen von Produkt- und Angebotsdaten weitestgehend automatisch zu analysieren und klassifizieren bzw. parametrisieren.

Die vorliegende Untersuchung stellt einen Ansatz vor, der in einem solchen kommerziellen Umfeld entstanden ist und eingesetzt wird. Im Bereich des elektronischen Handels findet er Anwendung, um Prozesse der automatischen Verarbeitung von deutschsprachigen Produkt- und Angebotsdaten zu unterstützen, die letztlich das Ziel haben, die zentrale Problematik des Online-Shoppings – das Suchen und Finden von Produkten – zu optimieren.

Die Idee ist dabei, linguistische Informationen – insbesondere lexikalische Daten und syntaktische Strukturen – aus den Angebotstexten zu nutzen, um die darin beschriebenen Produkte zu klassifizieren. Die dafür relevanten Informationen werden mittels *Informationsextraktion* (IE) gewonnen und bearbeitet.

> *„Das Ziel der IE ist die Konstruktion von Systemen, die gezielt domänenspezifische Informationen aus freien Texten aufspüren und strukturieren können, bei gleichzeitigem „Überlesen" irrelevanter Information. IR-Systeme versuchen keine umfassende Analyse des gesamten Inhaltes aller Textdokumente, sondern sollen nur die Textpassagen analysieren bzw. „verstehen", die relevante Information beinhalten. Was als relevant gilt, wird dabei durch vordefinierte domänenspezifische Lexikoneinträge oder Regeln dem System fest vorgegeben."* [1]

Es geht hier also vorrangig darum, bestimmte wiederkehrende und aussagekräftige Muster zu erkennen, zu formalisieren und durch Abstraktion auf einen Zusammenhang zwischen der Struktur des Angebotstextes und der Art und Zusammensetzung des konkreten Verkaufsobjektes zu schließen.

Die Arbeit besteht daher aus zwei Teilen: einem theoretischen, linguistisch-analytischen Abschnitt, in dem das Phänomen der sogenannten Relatoren zunächst ganz allgemein anhand des vorliegenden Korpus (Produkt- bzw. Angebotsinformationen aus dem Online-Handel) analysiert wird, und einem praktisch-anwendungsorientierten Abschnitt, in dem die Erkenntnisse der linguistischen Untersuchung konkret für eine ausgewählte Produktkategorie – Telekommunikationsprodukte – und mit einem Zweck – Erkennen einer Set-Relation – umgesetzt werden.

[1] Carstensen, Kai-Uwe et al. (Hrsg.): *Computerlinguistik und Sprachtechnologie. Eine Einführung.* Spektrum Akademischer Verlag, Heidelberg 2001: S. 448.

I. Theoretischer Hintergrund

1. Merkmale des Korpus

Das Korpus, das die Grundlage dieser Untersuchung bildet, zeichnet sich durch eine Reihe von prägnanten Merkmalen aus, die es zum einen zwar deutlich von üblichen Korpora unterscheiden und eine besondere Behandlung erfordern, zum anderen aber auch eine interessante Analyse ermöglichen.

Das Korpus setzt sich aus kurzen Angebotsbeschreibungen zusammen, die Händler aus den Eckdaten der Produkte verfassen und die dann auf Shopping-Portalen erscheinen. Thematisch handelt es sich um Angebote aus allen Produktbereichen, von Computern über Haushaltsgeräte bis hin zu Kleidung. Für die Untersuchung der Zusammensetzung und der Struktur der Angebote wird jedoch von vornherein die Kategorie Medien ausgeschlossen, da dort das Vorkommen von Eigennamen und festen Titeln die Untersuchungsergebnisse verzerren würde.

Auffälligstes Merkmal des Korpus ist, daß es sich nicht um Fließtext handelt. Die einzelnen Angebotsbeschreibungen bestehen vielmehr aus einer Aneinanderreihung von Produkt-informationen zu Textfragmenten und weisen nur eine rudimentäre Grammatik auf. Dies mag vielerlei Gründe haben, insbesondere natürlich die Platzbegrenzung auf den Einkaufs-portalen, die die Händler zwingt, möglichst viele Informationen zu einem Angebot mit sehr wenig Text zu vermitteln.

Der Text ist folglich stark segmentiert, als Analyseeinheit dienen voneinander unabhängige Angebote, die jeweils nur eine Zeile umfassen. Es kommen zudem lediglich bestimmte offene und geschlossene Wortarten vor. Dies sind vor allem bedeutungstragende Wortarten, wobei der Stil ausgeprägt nominal ist, d.h. den größten Anteil haben Nomen (Substantive, Adjektive). Verben kommen hingegen nur sporadisch vor. Von den funktionstragenden Wortarten treten fast ausschließlich Präpositionen auf. Darüber hinaus enthält das Korpus viele Sonderzeichen.

Insgesamt betrachtet ist das Korpus zwar einerseits sehr heterogen, z.B. in der Verwendung von Interpunktionszeichen, da die Angebote von sehr vielen verschiedenen Händlern stammen und es in bezug auf Wortwahl, Aufbau und Interpunktion keine vorgegebenen Standards gibt. Andererseits sind die Angebotstexte eines einzelnen Händlers sowohl in ihrer Struktur und in der Reihenfolge der Anordnung der einzelnen Bestandteile als auch in der Verwendung von Interpunktionszeichen meist recht homogen.

2. Relata, Relatoren und Relationen

Auf semantischer Ebene lassen sich die Angebote grob als einfache (Beispiel: Samsung SGH-E770) und komplexe Angebote (Beispiel: VK-Mobile VK 1010 mit T-Mobile D1 Telly Profi Vertrag) klassifizieren. Gegenstand der folgenden Betrachtungen sollen ausschließlich komplexe Angebote sein. *Komplex* drückt dabei aus, daß sich ein Angebot aus mehreren Teilen, d. h. Produkten wie Geräten o. ä., zusammensetzt. Zwischen diesen einzelnen Bestandteilen besteht ein bestimmter Typ von Relation, z. B. die Zubehör-Relation oder die Set-Relation. Eine „Zubehör-Relation" ist beispielsweise dadurch gekennzeichnet, daß Teil X und Teil Y zusammen auftreten, und Y als Zubehör für X fungiert. „Set-Relation" hingegen sagt aus, daß zwei Teile X und Y zusammen auftreten, d. h. im Set verkauft werden.

Es wird nun angenommen, daß sich diese semantischen Relationen auch auf syntagmatischer Ebene widerspiegeln. Bei komplexen Angeboten fällt nämlich auf, daß sich der Angebotstext – meist anhand bestimmter Marker – in verschiedene Bereiche (Felder) gliedern läßt und dadurch schon auf den ersten Blick gewisse sich wiederholende elementare Strukturen erkennbar sind. Folgende Beispiele illustrieren dies:

Vorfeld	Marker	Nachfeld
Flasherkabel	für	Nokia 5210
Nokia 1100 blau	ohne	Vertrag
Sagem my Z-5	mit	T-Mobile D1 Relax 50 Vertrag

Tabelle 1: Beispiele für komplexe Angebote

Da man also davon ausgehen kann, daß diese Marker die zentrale Rolle für die Kennzeichnung einer Relation und die Bestimmung des Relationstyps spielen, sind sie Gegenstand der Untersuchung in den folgenden Kapiteln 3 und 4. Dabei wird auf die Gestalt, die Funktionen, die Gruppierungen, aber auch den Kontext der verschiedenen Marker eingegangen.

Um die relationsbildende, verknüpfende Funktion der Marker deutlicher herauszustellen, werden sie als *Relatoren* bezeichnet. „A relator is a lexical item whose function is to show the relationship between its surrounding constructions." [2] Die verknüpften Elemente werden entsprechend *Relata* genannt. Die semantische Relation zwischen Relata kann durch ein Prädikat ausgedrückt werden.

---

[2] http://www.sil.org/Linguistics/GlossaryOfLinguisticTerms/WhatIsARelator.htm [30.4.2006]

3. Die Relatoren

Relatoren können vielerlei Gestalt annehmen. In diesem Kapitel wird daher ein Überblick über die verschiedenen Relatoren und ihre Ausprägungen gegeben, die im Korpus zu finden sind. Angesichts des knappbemessenen Rahmens dieser Arbeit ist jedoch eine Beschränkung auf repräsentative Beispiele notwendig.

Notation

mit	Oberflächenform
<MIT>	Realisierung des entsprechendes Relators, unabhängig von der konkreten Oberflächenform
MIT	abstrakte semantische Klasse
I	Alternativen

3.1 Präpositionen

Die Mehrzahl der Relatoren gehört der Gruppe der *Präpositionen* an, die traditionell eine verknüpfende Funktion besitzen.

Im folgenden werden die vorkommenden präpositionalen Relatoren der Übersicht halber tabellarisch mit ihren verschiedenen Oberflächenformen vorgestellt und jeweils mit Beispielen aus dem Korpus illustriert.

3.1.1 MIT

Relator	MIT	
Syntagma	A <MIT> B	
Oberflächenformen	Hauptform	mit
	Schreibvariante	
	Verschmelzungsform	
	Abkürzung	m. I m I M.

Tabelle 2: Der Relator MIT

Beispiele aus dem Korpus:

```
(1)   Prismenbrille mit Brillenetui
(2)   Braun Flex XPII 5775 mit Ladestation
(3)   Kinderschreibtisch mit Stuhl
(4)   Esprit Shirt mit 3/4-Ärmeln
(5)   HP Ausgabefach 3000 Bl m Hefteinrichtung f LJ 8XXX/N
(6)   Braune Langhaar Perücke m. Zöpfe
```

(7) Personenwaage Omega **mit** extra großen Ziffern
(8) TV-Fernbedienung **mit** großen Tasten
(9) Miele Bodendüse SBDH 285 **mit** integriertem Hygienesensor
(10) Anhänger Delphin **m.**Katzenauge
(11) Esprit T-Shirt **mit** Motivdruck

3.1.2 FÜR

Relator	FÜR	
Syntagma	A <FÜR> B	
Oberflächenformen	Hauptform	für
	Schreibvariante	fuer
	Verschmelzungsform	fürs I fuers
	Abkürzung	f. I f

Tabelle 3: Der Relator FÜR

Beispiele aus dem Korpus:

(1) Sonnenschutz Winnie the Pooh **für** Heckscheibe
(2) Nokia DCC 1 Tischladestation **für** Nokia 7650
(3) HP Papierzuführung 250 Blatt **für** Color Laserjet 2550L
(4) HP Beschichtungsleistensatz **f** ColorLJ
(5) Holzkoffer **für** Arzneimittel
(6) Siemens Staubsaugerbeutel **für** VS08 5 Stück Typ P
(7) Jura Milchbehälter **für** F90/F50/E85/E80/E45
(8) HP MultiBay Li-Ion Akku Smart Battery System - **fuer** EVO N800c/v
(9) Halbrundnapf **für** Papageien
(10)Sony DCC-L1 Auto Ladegerät **für** das Laden von Li-Ionen Akkus

3.1.3 OHNE

Relator	OHNE	
Syntagma	A <OHNE> B	
Oberflächenformen	Hauptform	ohne
	Schreibvariante	
	Verschmelzungsform	
	Abkürzung	o. I o

Tabelle 4: Der Relator OHNE

Beispiele aus dem Korpus:

(1) Toilettenaufsatz de Lux 10 cm **ohne** Deckel
(2) Ballstuhl **ohne** Armlehnen
(3) Nokia 5140i orange Handy (**ohne** Vertrag)

3.1.4 IN

Relator	IN	
Syntagma	A <IN> B	
Oberflächenformen	Hauptform	in
	Schreibvariante	
	Verschmelzungsform	im | ins
	Abkürzung	i.

Tabelle 5: Der Relator IN

Beispiele aus dem Korpus:

```
(1)  Esprit Langarm-Shirt im Doppelpack
(2)  Mädchen-Hemd mit Spagettiträgern im 2er-Pack
(3)  Trendiger Tischläufer im Streifendesign
(4)  Anleitung in Farbdruck zum Lo Pan des Westens
(5)  Edle Glasschalen in rot/gold
(6)  Skat in Postkartengröße
(7)  Fashy Aqua-Windel in Shortform
(8)  Duftkerzen in Geschenkebox
(9)  Brunnen Kugel in Schale Graphit/Marmor
(10) LUXUS-NUMIS Album in Leder
(11) Booster C™ - Vitamin C in seiner reinsten Form
```

3.1.5 ZU

Relator	ZU	
Syntagma	A <ZU> B	
Oberflächenformen	Hauptform	zu
	Schreibvariante	
	Verschmelzungsform	zum | zur
	Abkürzung	z. | z

Tabelle 6: Der Relator ZU

Beispiele aus dem Korpus:

```
(1)  Hudora Fußballtor und Torwand zum Setpreis
(2)  Logitech QuickCam Communicate Webcam zum Erfassen von Videos
(3)  JavaLean™ Kaffe zum Abnehmen oder der Diät
(4)  SanDisk ImageMate USB zum einlesen von MMC-Karte & SD-Karten
(5)  Software zum Thema "Symbole"
(6)  Handbuch zu Qi-Gong-Kugeln
```

3.1.6 AUS

Relator	AUS	
Syntagma	A <AUS> B	
Oberflächenformen	Hauptform	aus
	Schreibvariante	
	Verschmelzungsform	
	Abkürzung	a.

Tabelle 7: Der Relator AUS

Beispiele aus dem Korpus:

(1) Isolierkanne **aus** Edelstahl
(2) Kenwood Getreidemühle **aus** Vulkanstein A 1412
(3) Lichtleiste **aus** Kunststoff mit EVG
(4) Klappbares Tablett und Lesepult **aus** Holz
(5) Hinoki® Vitamin-E Konzentrat **aus** Pflanzen, 100 ml
(6) Honig **aus** Neuseeland
(7) Rotweinsortiment **aus** der Region Salento - Italien (4 Fl.)
(8) Bee Pollen - echte natürliche Blütenpollen **aus** der Natur
(9) Originalmünzen **aus** der Kaiserzeit

3.1.7 VON

Relator	VON	
Syntagma	A <VON> B	
Oberflächenformen	Hauptform	von
	Schreibvariante	
	Verschmelzungsform	vom
	Abkürzung	v. | v

Tabelle 8: Der Relator VON

Beispiele aus dem Korpus:

(1) Fenster-Ornaments, "Sonne" **von** Swarovski
(2) SanDisk ImageMate USB zum einlesen **von** MMC-Karte & SD-Karten
(3) ELO Office 5.0 Update **von** Version 4.x, deutsch
(4) Belkin USB 2.0 DVD Creator zum Speichern, Bearbeiten und
    Versenden **von** Videos, inkl. DVD-Software Ulead
(5) Seiko InkLink ermöglicht eine einfache Datenübertragung **von**
    Papier auf PCs, Notebooks
(6) Macromedia Freehand MX UpDate WIN CD deutsch, **von** Version 10.x
(7) Olympus Adapterstecker PA 3 **von** 3,5 auf 2,5 mm
(8) HP Ultrium 215i intern, Kapazität **von** bis zu 200GB
(9) TomTom Navigator 3 inkl. GPS-Receiver Karten **von** Deutschland,
    Österreich, Schweiz

3.1.8 GEGEN

Relator	GEGEN	
Syntagma	A <GEGEN> B	
Oberflächenformen	Hauptform	gegen
	Schreibvariante	
	Verschmelzungsform	
	Abkürzung	

Tabelle 9: Der Relator GEGEN

Beispiele aus dem Korpus:

(1) Dr. Bermanis® Kosmetik Eye Treatment Mask **gegen** Augenringe

3.1.9 AUF

Relator	AUF	
Syntagma	A <AUF> B	
Oberflächenformen	Hauptform	auf
	Schreibvariante	
	Verschmelzungsform	
	Abkürzung	

Tabelle 10: Der Relator AUF

Beispiele aus dem Korpus:

(1) Exklusiver Gehstock Alpacca **auf** echt Ebenholz
(2) Schlafender Engel **auf** Vase
(3) Vernebler "Rainbow" **auf** Alabaster-Säule
(4) Acer Garantieverlängerung **auf** 3 Jahre (Advantage)
(5) Olympus Adapterstecker PA 3 von 3,5 **auf** 2,5 mm

3.2 Präpositionalphrasen

Neben den genannten allein auftretenden Präpositionen können Phrasen mit einem präpositionalen Kern als Relatoren fungieren. Dabei gehören zu den Oberflächenformen natürlich außerdem die jeweiligen Schreibvarianten der präpositionalen Bestandteile.

Folgende Kombinationen von Wortarten sind beobachtet worden:

9

3.2.1 Präposition – Adjektiv

kombinierte Wortarten	Relatoren
Adjektiv + Präposition	geeignet <FÜR>
	verwendbar <MIT>
	ideal <FÜR>
	speziell <FÜR>
	perfekt <FÜR>
	kompatibel <MIT>
Präposition + Adjektiv	<FÜR> ... ideal
	<MIT> ... verwendbar

Tabelle 11: Kombinationen aus Präposition und Adjektiv

Beispiele aus dem Korpus:

```
(1) HP Beschichtungsleistensatz für ColorJet 5/5M nur mit C3969A
    verwendbar
(2) PhytoPath® - Der Schutz vor freien Radikalen - ideal für Raucher
(3) ChloroPlasma® - Die bessere Spirulina Alge - Für alle Vegetarier
    ideal - Die Eiweiß Versorgung!
(4) Power Burn™ - Fett verbrennen kann so leicht sein. Perfekt für
    Ihre Diät - Abnehmen
```

3.2.2 Präposition – Substantiv

Hierbei handelt es sich meist um Nominalisierungen, also deverbale Substantive wie beispielsweise *Erfassen, Anschluß* u. ä.

Das Erstellen eines Lexikons mit Konstruktionen dieser Art – Kombinationen aus Präpositionen und Substantiven sowie gelegentlich attributiven Adjektiven – unterstützt die Erkennung von Relationen auch über das Vorkommen einzelner Relatoren hinaus.

kombinierte Wortarten	Relatoren
(Präposition) + Substantiv + Präposition	als Ergänzung <FÜR>
	zum Anschluß <AN>
	zur Verwendung <MIT>
	mit Unterstützung <VON>
	Wiedergabe <VON>
	zur Steuerung <VON>
	zur Nutzung <VON>
Verb + Substantiv + Präposition	dient der Vernetzung <VON>
	ermöglicht das Abspielen <VON>

Tabelle 12: Kombinationen aus Präposition und Substantiv

Beispiele aus dem Korpus:

```
(1) AVM Access Server PRI Mit integrierter Unterstützung von ISDN,
    DSL oder AVM KEN!
(2) Mustek DVD PL 207 portabler DVD Player Wiedergabe von DVD, Kodak
    Picture CD, JPEG, CD, DVD+R, DVD+RW, DVD-R, DVD-RW
(3) Belkin SCSI III/SCSI III Kabel, 1m Micro DB68 S/S, dient der
    Vernetzung von zwei beliebigen SCSI-Geräten
(4) Sharkoon Steuermodul Kaltlicht zur Steuerung von
    Kaltlichkathoden
(5) Belkin MPC II CD-ROM-Audiokabel, 0,6m ermöglicht das Abspielen
    von CDs über die PC-Lautsprecher
(6) Avocent SwitchView USB PS2 2 Port KVM 2 Port KVM mit integr 2
    Port USB Hub zur gemeinamen Nutzung von USB Peripherie
```

3.2.3 Präposition – Verb

kombinierte Wortarten	Relatoren
Verb + Präposition	überzeugt <MIT>
konjugiert	besteht <AUS>
Verb + Präposition	bestehend <AUS>
Partizip	passend <FÜR>
	basierend <AUF>

Tabelle 13: Kombinationen aus Präposition und Verb

Beispiele aus dem Korpus:

```
(1) AVM BlueFRITZ! ISDN Set V2 besteht aus Access Point AP-ISDN und
    BlueFRITZ! USB
(2) Olympus B-32LPSE LiPO Erweiterung Powergrip für E-10 und E-10,
    bestehend aus: Griff mit zweitem Auslöser
(3) Lexmark X630 A4 Multifunktionsgerät basierend auf T630-Serie 64
    MB, 33 S./Min., 1200 dpi
```

3.2.4 Präposition – sonstige Wortarten

kombinierte Wortarten	Relatoren
sonstige + Präposition	nur <FÜR>
	nicht <FÜR>
	auch <FÜR>
	jedoch <MIT>

Tabelle 14: Kombinationen aus Präposition und sonstigen Wortarten

Beispiele aus dem Korpus:

(1) HP Papierzuführung 250 Blatt für Color Laserjet 2550L und 2550LN
nicht für 2550N

3.3 Konjunktionen

3.3.1 UND

Relator	UND	
Syntagma	A <UND> B	
Oberflächenformen	Hauptform	und
	Schreibvariante	
	Verschmelzungsform	
	Abkürzung	u. I u

Tabelle 15: Der Relator UND

Beispiele aus dem Korpus:

(1) Klappbares Tablett **und** Lesepult aus Holz
(2) Siemens VZ121HD Parkett- **und** Hartbodendüse
(3) Keimfutter Sittiche **und** Exoten
(4) Kalligraphieutensilien **und** Unterlage
(5) Eddie Bauer Sportschuh für Damen **und** Herren, Damengrößen

3.3.2 ODER

Relator	ODER	
Syntagma	A <ODER> B	
Oberflächenformen	Hauptform	oder
	Schreibvariante	
	Verschmelzungsform	
	Abkürzung	o. I o

Tabelle 16: Der Relator ODER

Beispiele aus dem Korpus:

(1) AVM Access Server PRI Mit integrierter Unterstützung von ISDN,
DSL **oder** AVM KEN!

3.4 Verben

Auch Verben allein können in konjugierter Form als Relatoren fungieren.

Beispiele aus dem Korpus:

```
(1) Starter-Kit für Notebooks enthält Wireless-G Broadband
(2) Seiko InkLink ermöglicht eine einfache Datenübertragung von
    Papier auf PCs, Notebooks
(3) Belkin VGA Monitor Y-Kabel ermöglicht Verbindung von zwei
    Monitoren mit HDDB15-Steckern und einem PC
(4) Belkin Monitorersatzkabel 15m VGA/SVGA HD M TO M - unterstützt
    hochauflösende Videotechnik
(5) Belkin VGA-Monitorverlängerungskabel mit Rändelschrauben,
    verlängert jedes SVGA-Monitorkabel mit HDDB15-Steckern
(6) Belkin MAC-VGA-Adapter unterstützt den Einsatz von Macs und
    PowerPCs
(7) Belkin Blaster Canned Air 340 g reinigt Laptops, Tastaturen,
    CD-, DVD-, CD-R- und Diskettenlaufwerke
```

3.5 Weitere wortbasierte Relatoren

Als weitere Relatoren sind folgende Ausdrücke zu nennen, die auch kombiniert mit anderen Wortarten, wie z.B. Substantiven, sowie Satzzeichen auftreten können.

Relator	Oberflächenformen
INKL	inkl I inkl. I incl I incl. I inklusive I inclusive
Lieferung INKL	Lieferung inkl I inkl. I incl I incl. I inklusive I inclusive
WIE	wie
JE	je
PRO	pro
KEIN	kein I keine

Tabelle 17: Weitere Relatoren

Beispiele aus dem Korpus:

```
(1) Plug Phone ISDN-Anlage wie COMpact 2206 USB
(2) Pendel-Set, inkl. Messing Pendel
(3) Nokia 1600 t-mobile D1 xtra inkl. 10E Startguthaben
(4) A-Cover Gelb für NOKIA 6250 - ORIGINAL NOKIA - Lieferung incl.
    Tastaturmatte
```

3.6 Symbole

Nicht zuletzt können auch allein nicht-verbale Elemente, also z. B. Symbole wie „+" „,/" „/"
„-" und „&" eine Relatorenfunktion übernehmen. Diese Interpunktionszeichen dürfen also
in einem eventuellen Textvorverarbeitungsschritt keinesfalls entfernt werden, sondern
sollten beibehalten bzw. einer Normalisierung, z.b. durch besondere Kennzeichnung oder
Umwandlung in ein Standardsymbol, unterzogen werden.

Beispiele aus dem Korpus:

```
(1) Boot mit Hupe + 7-tlg. Mini-Eimergarnitur
```

3.7 Beobachtungen und Probleme

Unabhängig von den genannten Relatoren kann auch schon allein durch die Struktur des
Syntagmas, d. h. die Reihenfolge der Relata – allerdings oft unterstützt durch Satzzeichen –
eine Aussage zur vorliegenden Relation getroffen werden.

Wie schon im ersten Kapitel angesprochen, zeichnet sich das Korpus allenfalls durch eine
sehr rudimentäre Grammatik aus. In diesem Zusammenhang fällt besonders auf, daß die
präpositionalen Relatoren in den allermeisten Fällen keine Rektion (Kasusfestlegung,
-bildung) der nachfolgenden Substantive und Nominalphrasen auslösen, wie es
üblicherweise sonst der Fall ist.

Des weiteren ist auffällig, wie viele unterschiedliche Schreibweisen bzw. morphologische
Ausprägungen eines Relators zu beobachten sind. Darunter fallen Abkürzungen (mit oder
ohne Abkürzungspunkt, mit oder ohne Leerzeichen danach), Schreibvarianten (z.B. bei
Umlauten), jedoch auch Verschmelzungen, die sowohl präpositionale als auch determi-
natorische Eigenschaften aufweisen (z.B. zum).

Aufgrund der vielen verschiedenen Oberflächenformen von Relatoren ist es für eine
genauere Untersuchung sinnvoller, die Relatoren zu Klassen zusammenzufassen.

4. Klassen von Relatoren und Typologie der Relata

Dieses Kapitel stellt die frequentesten und wichtigsten drei Relatorenklassen – MIT, FÜR, OHNE – vor. Für jede der Klassen werden die paradigmatischen Umsetzungen, d. h. die vorkommenden zuzuordnenden Oberflächenformen, gesammelt dargestellt.

Da längere komplexe Angebotstexte oftmals mehrere Relatoren enthalten, müssen diese für ein besseres Verständnis der zugrundeliegenden Relation(en) auch in ihrer Gesamtheit betrachtet werden. Aus diesem Grunde werden im folgenden für jede Klasse von Relatoren zusätzlich Beispiele für die syntagmatischen Kombinationsmöglichkeiten mit anderen Relatoren – derselben Klasse oder aus den übrigen Klassen – dargestellt.

In diesem Zusammenhang sind die Relata und dabei insbesondere das Nachfeld, d.h. die Elemente rechts vom Relator, zu untersuchen. Das Nachfeld ist in zweierlei Hinsicht interessant: zum einen in bezug auf den Skopus des jeweiligen Relators, d. h. die Größe des Nachfeldes bzw. die „Reichweite", zum anderen im Hinblick auf die Typologie des Nachfeldes, d. h. die semantischen Klassen des Relatums.

Substantive im Nachfeld eines Relators können anhand semantischer Merkmale klassifiziert werden. Im allgemeinen unterscheidet man zwischen konkreten und abstrakten Substantiven. Konkreta bezeichnen dingliche Denotate, Abstrakta dagegen haben eine nicht-gegenständliche Bedeutung. Konkreta gliedert man wiederum in Eigennamen, Gattungsnamen (Individuativa), Stoffnamen (nicht-zählbare Denotate) sowie Sammelnamen (Kollektiva).

Interessant ist diese Unterscheidung vor allem deshalb, weil durch die semantische Klasse der Substantive im Nachfeld auch die Art der Relation bestimmt wird. Allein vom Relator kann nämlich nicht auf die Relation geschlossen werden, denn ein Relator kann verschiedene Relationen ausdrücken. Eine Untersuchung des Nachfeldes ist also unerläßlich.

Bei der syntagmatischen Realisierung kann man unterscheiden zwischen einer einfachen Struktur mit genau <u>einem</u> Relator r, d.h. auch genau <u>zwei</u> Argumenten (Relator: r = 1, Argumente: r+1), sowie einer komplexeren Struktur mit mehr als einem Relator und entsprechend mehreren Argumenten (Relator: r > 1, Argumente: r+1).

Notation	
r	Relator
r = 1	1 Relator → einfaches Angebot
r > 1	mehr als ein Relator → komplexes Angebot
X Y Z	Bestandteile eines Angebots
(X)+	1 oder mehr Vorkommen der geklammerten Gruppe
div	komplexere, jedoch nicht näher spezifizierte Fragmente

4.1 Relatorenklasse: MIT

4.1.1 Paradigmatische Realisierung

Für die Relatorenklasse MIT sind im untersuchten Korpus folgende Oberflächenformen zu finden. Sie können einerseits explizit Ausprägungen von <MIT> enthalten, andererseits auch völlig ohne Vorkommen des Relators <MIT> auftreten:

Gruppen	MIT
Oberflächenformen mit <MIT>	<MIT>
Oberflächenformen ohne <MIT>	<INKL>
	Lieferung <INKL>
	bestehend <AUS>
	besteht <AUS>

Tabelle 18: Oberflächenformen von MIT

4.1.2 Syntagmatische Realisierung

Tabelle 19 stellt mögliche Syntagmen mit einem Relator und Kombinationen von Wortarten sowie einige Beispiele aus dem Korpus dar.

r = 1	
Syntagmen	Skopus
X MIT Y	Y
Wortarten	**Beispiele**
N MIT N	`Tischarbeitsplatzleuchte` **mit** `Lupe`
N MIT ADJ N	`Personenwaage Omega` **mit** `extra großen Ziffern`
div MIT div	`Exklusiver Gehstock` **mit** `925er Sterling Silber`

Tabelle 19: Syntagmen von MIT mit r = 1

Tabelle 20 zeigt komplexe Syntagmen um die Relatorengruppe MIT in Kombination mit anderen Relatoren sowie deren mögliche Kombinationen von Wortarten. Zur Illustration sind jeweils Beispiele aus dem Korpus angeführt.

r > 1	
Syntagmen	Skopus
X MIT Y UND Z	Y | Y und Z
Wortarten	**Beispiele**
N MIT N UND N	Eddie Bauer Sweatshirt **mit** Stehkragen und Reißverschluss
N MIT ADJ N UND ADJ N	Sony Optical Mini VAIO Scroll-Mouse **mit** hoher Auflösung und elegantem Design
X MIT Y- UND ZA	YA und ZA
N MIT N- UND NN	Taster 1fach **mit** Betriebs- und Statusanzeige
X MIT Y (UND Z)+	Y | Y und Z | Y und Z und ...
N MIT N, N UND N	Schneidebrett **mit** Saugfüßen, Haltestiften und Gabel
X MIT Y VON Z	Y und Z
div MIT N VON div	Minolta Dimage Scan Dual IV USB Filmscanner **mit** einer Auflösung von 3200dpi

Tabelle 20: Syntagmen von MIT mit r > 1

4.1.3 Typologie des Nachfeldes

Im Nachfeld von MIT kommen sowohl konkrete als auch abstrakte Relata vor. Die jeweiligen semantischen Klassen der beiden Gruppen bestimmen die Art der Relation genauer.

4.1.3.1 Konkreta

Bei den Konkreta sind zwei wichtige Arten von Relationen zu beobachten:

– zusätzlicher Gegenstand neben Hauptprodukt

Diese Art von Angeboten lassen sich in mehrere Komponenten gliedern: ein Hauptprodukt, das im Vorfeld des Relators MIT steht, sowie ein oder mehrere „Nebenprodukte", seien es eigenständige weitere Produkte oder für das Hauptprodukt geeignete Zubehörartikel.

Der Großteil der Relata im Nachfeld von MIT sind generische Substantive, die Produktklassen bezeichnen. Dabei treten sowohl Singular- als auch Pluralformen auf.

Vorfeld	MIT	Nachfeld
Olympus BU 70 SE Akku Set	inkl.	Ladegerät
Canon CBK 4-200 Akku-Ladegerät	inkl.	4 Mignon Akkus
Targus TL Air Notepac schwarz, Nylon,	mit	Regenschirmhalter

Tabelle 21: MIT und Appelativa

Konkrete Relata im Nachfeld können jedoch auch Produktnamen sein.

Vorfeld	MIT	Nachfeld
Nikon AF-G 4,0-5,6/70-300 silber	inkl.	HB-26
Digitalkamera Canon EOS 350D KIT schwarz	inkl.	EF-S 18-55

Tabelle 22: MIT und Produktnamen

Auch eine Mischung aus Appelativa und Produktname kann im Nachfeld auftreten.

Vorfeld	MIT	Nachfeld
Brother P-Touch 3600	mit	Adapter AD-9000

Tabelle 23: MIT und Appelativum + Produktname

Die hier zugrundeliegende Relation ist die am häufigsten auftretende und wichtigste durch MIT ausgedrückte Relation, die Set-Relation.

– Bestandteil des Hauptproduktes

Eine weitere Art von Relation zwischen dem Hauptprodukt und einem oder mehrerer Konkreta im Nachfeld – meist Gattungsnamen – soll hier Bestandteil-Relation genannt werden. Damit wird ausgedrückt, daß das im Nachfeld genannte Element ein fester Bestandteil des Hauptproduktes – darin integriert oder daran befestigt – ist und kein eigenständiges Produkt. Es kann sich dabei z. B. um Elemente handeln, die äußerliche Merkmale bezeichnen oder eine funktionale Komponente des Hauptproduktes darstellen.

Vorfeld	MIT	Nachfeld
Eddie Bauer Merinopullover	mit	V-Ausschnitt
Cherry G84-4400 PPAUS Tastatur PS/2 Ultraflache Kompakt-Tastatur	mit	integriertem Trackball
Logitech Pilot Wheel Mouse PS2 3 Tasten	inkl.	Tastenrad
Eddie Bauer T-Shirt	mit	Elch-Motiv

Tabelle 24: MIT und Appelativa

4.1.3.2 Abstrakta

Ein abstraktes Relatum bezeichnet meist eine Eigenschaft des im Vorfeld genannten Produktes, kann sich als Eigenschaft aber auch auf das gesamte Angebot beziehen.

– Eigenschaft des Produktes

Vorfeld	MIT	Nachfeld
Sony TCM-500DV Compact-Cassetten-Diktiergerät	mit	Auto Reverse Funktion
XXL Notebooktasche	mit	Overnightfunktion
Minolta Dimage Scan Dual IV USB Filmscanner	mit	einer Auflösung von 3200dpi

Tabelle 25: MIT und Abstrakta: Produkteigenschaften

– Eigenschaft des Angebotes

Vorfeld	MIT	Nachfeld
SuSE Linux Standard Server 8.0 X86 deutsch,	inkl.	1 Jahr Maintenance für 1 Server
Yosemite Tapeware 7.0 Media Server multilingual, Linux/NW/Windows,	inkl.	1 Jahr CARE

Tabelle 26: MIT und Abstrakta: Angebotseigenschaften

4.2 Relatorenklasse: FÜR

4.2.1 Paradigmatische Realisierung

Folgende Tabelle gibt einen Überblick über Gruppen von Oberflächenformen, die das Prädikat FÜR repräsentieren. Dabei treten auch in diesem Fall sowohl Gruppen auf, die zentrale Realisierungen mit <FÜR> enthalten, als auch Gruppen, die semantisch äquivalent sind, ohne explizit Ausprägungen von <FÜR> zu umfassen.

Gruppen	FÜR
Oberflächenformen mit <FÜR>	<FÜR>
	passend <FÜR>
	geeignet <FÜR>
	ideal <FÜR>
	speziell <FÜR>
	perfekt <FÜR>
	als Ergänzung <FÜR>
	auch <FÜR>
	nur <FÜR>
	z.B. <FÜR> | <FÜR> z.B.
Oberflächenformen ohne <FÜR>	zum Anschluß an
	zur Verwendung <MIT>
	nur <MIT> ... verwendbar

Tabelle 27: Oberflächenformen von FÜR

4.2.2 Syntagmatische Realisierung

In diesem Abschnitt folgt eine Übersicht über Art und Gestalt des Vor- und Nachfeldes von FÜR. Hier zunächst Angebote mit genau *einem* Relator:

r = 1	
Syntagmen	Skopus
X FÜR Y	Y
Wortarten	**Beispiele**
N FÜR N	KFZ Ladegerät **für** Nokia 6280 AEG Rost **für** Backauszüge Duschgel **für** jeden Hauttyp
N FÜR ADJ N	Adress-Etikett, klein - **passend für** PC-gesteuerte Etikettendrucker QL-500/550 4-Kanal-Digital-Duplex-Recorder **für** den mobilen Einsatz (DVRM-400)
div FÜR N	3 Paar Baumwoll-Socken **für** Damen
div FÜR div	Avery Zweckform, L6103-20, 20 Blatt, Wetterfeste Folien-Etiketten **für** Kennzeichnung von Schaltschränken, 45, 7 x 21, 2 mm

Tabelle 28: Syntagmen von FÜR mit r = 1

Tabelle 29 zeigt eine Auswahl von komplexen Syntagmen mit einer Relatorenzahl > 1, die in ihrer Grobstruktur sowie mit den jeweiligen Wortarten und Beispielen aus dem Korpus dargestellt werden.

r > 1	
Syntagmen	Skopus
X FÜR Y UND Z	Y | Y und Z
Wortarten	**Beispiele**
N FÜR N UND N	Früchtetraum **für** Papageien und Großsittiche
N FÜR ADJ UND ADJ N	Shampoo **für** normales und fettiges Haar
div FÜR ADJ N UND N	Avery Zweckform, L7085-10, 10 Blatt Laminierte Hinweis-Etiketten, Foliengeschützt **für** professionelle Beschriftungen und Beschilderungen.
ADJ N FÜR N	seidenglänzendes Inkjet-Photo-Papier **für** Portraitaufnahmen
X FÜR Y- UND Z A	YA und ZA
N FÜR N- UND NN	Aufputz-Gehäuse **für** BLC **und** EIB Präsenzmelder
X FÜR Y, Z UND A	Y Z A
N FÜR	Netzladegerät **für** die Handys MD95491, MD96200 **und** MD95489
X FÜR Y UND Z, (A)+	
N FÜR N UND N, N, ...	Verschlußstopfen **für** HP 15 **und** 45, Can. BJC3000/6000, S500, i550, i560
X FÜR (alle)* Y Z A ...	„und" implizit
N FÜR alle N/N/N/N	Zu- und Ablaufschlauchverlängerung **für** alle JSI/JSV/JWV/JWT (911239034)
X FÜR Y, (Z)+	Y | Y und Z | Y und Z und ... // „und" implizit
N FÜR N, N	Farbrolle **für** Siemens Telfax 870, Philips PPF 30, 35, Sagem Phonefax 3xx Farbrolle **für** Fax 900, 950, 980, 1000P, 1500M
X FÜR Y FÜR Z	Y
div FÜR div FÜR div	Akkuladegerät, ORIGINAL NOKIA DDC-1 , **zum Anschluß an** das Steckernetzteil **passend für** die Akkus der Serien NOKIA 2100, 3200, 3310, 3330, 3410, 3510, 3510i, 5210, 5510, 6220
X FÜR Y MIT Z	Y
N FÜR N MIT N div FÜR N MIT N	Wippe **für** Serienschalter **mit** Aufdruck A-Cover Gelb **für** NOKIA 6250 - ORIGINAL NOKIA - Lieferung **incl.** Tastaturmatte

Tabelle 29: Syntagmen von FÜR mit r > 1

4.2.3 Typologie des Nachfeldes

4.2.3.1 Konkreta

Das Hauptprodukt/Relatum im Nachfeld kann aus verschiedenen semantischen Klassen stammen:

– konkretes Produkt

Hierbei handelt es sich um ein bestimmtes identifizierbares Produkt, das durch eine Modellbezeichnung sowie meist auch eine Markenangabe beschrieben wird.

Vorfeld	FÜR	Nachfeld
A-Cover White	für	Nokia 3100
Siemens Staubsaugerbeutel	für	VS08
Jura Milchbehälter	für	F90/F50/E85/E80/E45
Acer Akku Li-Ion	für	TravelMate 3200 Serie
Canon Akku NB-4H	für	Canon PowerShot Pro 70

Tabelle 30: Syntagmen mit FÜR: Produkte

– Produktklassen

Dies umfaßt Bezeichnungen von Produktklassen bzw. generisch indefinite NPs.

Vorfeld	FÜR	Nachfeld
AEG Rost	für	Backauszüge
APC Universal-Netzteil	für	Notebooks, PDAs
Holzkoffer	für	Arzneimittel

Tabelle 31: Syntagmen mit FÜR: Produktklassen

– Teile von Produktklassen

Konkreta, die Produktklassen bezeichnen, können näher spezifiziert werden und damit die Produktklassen einschränken.

Vorfeld	FÜR	Nachfeld
Adapter-Set Dewalt DE 2010	für	Oberfräsen anderer Hersteller
Abmantel- und Abisolierwerkzeug	für	alle gängigen Rundkabel
HP UPS T1000 XR Euro Tower Model	zum Anschluß von	6 Geräten

Tabelle 32: Syntagmen mit FÜR: Produktunterklassen

Beim Auftreten der zuvor genannten Konkreta im Nachfeld handelt es sich in den meisten Fällen um eine Zubehör-Relation zwischen den Elementen in Vor- und Nachfeld. Das Element im Vorfeld stellt dabei das Zubehörprodukt dar, während das Element im Nachfeld das „Hauptprodukt" ist. – weitere semantische Klassen

Neben den genannten Relationen können konkrete Substantive auch noch weitere Typen von Relationen ausdrücken.

Dazu gehören Substantive wie z. B. Mischhaut, Unreinheiten, Akne, die als „Voraussetzung bzw. Bedingung für den Einsatz des Hauptproduktes" angesehen werden können.

Beim Auftreten von Lebewesen im Nachfeld kann man von einer Zielgruppen- bzw. Anwender-Relation sprechen.

Vorfeld	FÜR	Nachfeld
Aktiv-Badeanzug	für	Damen in Normalgröße
Universalkäfig	für	kleinere Vögel
ALVA Rhassoul Balance Creme	für	Mischhaut
Dr. Berman's® Kosmetik Mineral Mask	für	Unreinheiten - Pickel - Akne

Tabelle 33: Syntagmen mit FÜR

4.2.3.2 Abstrakta

Hier besteht das Nachfeld aus einem Substantiv mit nicht-gegenständlicher Bedeutung, meist einer Nominalisierung, d. h. einem deverbalen Substantiv. Es drückt daher in diesen Fällen keine Zubehör-Relation aus, sondern eine Funktionsrelation, d. h. es beschreibt die Funktion bzw. den Zweck des im Vorfeld stehenden Gegenstands näher.

– Funktion

Vorfeld	FÜR	Nachfeld
Software	für	mobile Communication via CAPI
AEG Internes USV Modem analog	für	Fernüberwachung mit SMS
AP-Dämmerungsschalter	für	Aussenmontage
HP Duplexeinheit	für	beidseitigen Druck

Tabelle 34: Syntagmen mit FÜR: Funktionsrelation

– weitere Fälle

Auch bei den Abstrakta im Nachfeld lassen sich verschiedene semantische Gruppen ausmachen, die weitere Relationen ausdrücken. Dazu gehören z. B. die Beschreibung von Voraussetzungen, d. h. Eigenschaften, die das Hauptprodukt aufweisen muß, oder Merkmale, die das Gesamtangebot kennzeichnen.

Vorfeld	FÜR	Nachfeld
Nokia 6030 mit Vertrag T-Mobile Relax50 Student 150 SMS-Paket	für	3 Monate kostenlos
Sitzstangenhalter	für	Durchm. 8mm

Tabelle 35: Syntagmen mit FÜR

4.3 Relatorenklasse: OHNE

4.3.1 Paradigmatische Realisierung

Gruppen	OHNE
Oberflächenformen mit <OHNE>	<OHNE>
Oberflächenformen ohne <OHNE>	<KEIN>
	nicht im Lieferumfang
	nicht im Lieferumfang enthalten

Tabelle 36: Oberflächenformen von OHNE

4.3.2 Syntagmatische Realisierung

In diesem Abschnitt wird ein Überblick über Syntagmen mit dem Relator OHNE gegeben.

r = 1	
Syntagmen	Skopus
X OHNE Y	Y (so wenige Token wie möglich)
Wortarten	Beispiele
N OHNE N	Rollkragenpullover **ohne** Ärmel Adaptec SCSI Raid 5400S SGL **ohne** Kabel
div MIT N	Silopad™ Gel-Platten (2 Stck)10 cm x 10 cm **ohne** Klebefläche

Tabelle 37: Syntagmen von OHNE mit r = 1

An Syntagmen mit mehr als einem Relator sind folgende Beispiele zu finden:

r > 1	
Syntagmen	Skopus
X OHNE Y FÜR Z	Y
Wortarten	Beispiele
N OHNE N FÜR N	Panasonic PC-SC 2 Tasche **ohne** Seitentaschen **für** Zubehör HP USB Dockingstation **ohne** Ladefunktion **für** iPaq PocketPC H1915/1930/1940
X OHNE Y MIT Z	Y
Wortarten	Beispiele
N OHNE N MIT N	Tandberg M1500 Library LTO-1 Base Library **ohne** Laufwerk **inkl.** Manuals/CD
X OHNE Y UND Z	Y | Y und Z
Wortarten	Beispiele
N OHNE N UND N	Matrox Millennium G450 DH, **ohne** Kabel **und** DVD-Player-Software Ergotron 100 Serie 47-009-099 Tastatur-/Laptopgelenk **ohne** Maus **und** Tasturschale
X OHNE Y ODER Z	
	Ohne Akkus oder Batterien

Tabelle 38: Syntagmen von OHNE mit r > 1

4.3.3 Typologie des Nachfeldes

4.3.3.1 Konkreta

In bezug auf Konkreta im Nachfeld von OHNE ist eine Besonderheit zu beobachten: Mit Hilfe des Weltwissens des Betrachters ist festzustellen, daß bestimmte Substantive z. B in der Domäne „Ernährung" mit negativen Assoziationen behaftet sind, andere wiederum werden als wichtig und positiv erachtet.

(a) negativ belegte Konkreta

Dazu gehören beispielsweise *Alkohol, Zuckerzusatz, Zucker, Gelatine, Lösungsmittel, Fett, Konservierungsstoffe* usw.

Vorfeld	OHNE	Nachfeld
Lipamin PS-250, 60 Kapseln mit je 250 mg Phosphatidylserin,	ohne	Gelatine

Tabelle 39: OHNE und Konkreta

Das durch OHNE ausgedrückte Fehlen des Elementes im Nachfeld wertet das Produkt insgesamt auf.

25

(b) neutral bzw. positiv belegte Konkreta

Vorfeld	OHNE	Nachfeld
ICY Box IB-350UE externes Gehäuse 3.5'' USB2.0 + Firewire, Alu Design,	o.	Lüfter
Adaptec AHA-2930U PCI USCSI,	ohne	Kabel
Coolermaster Centurion CAC-T01-EK schwarz,	ohne	Netzteil

Tabelle 40: OHNE und Konkreta

Hier erscheint das Fehlen des Elementes im Nachfeld eher als Manko des Angebotes.

4.3.3.2 Abstrakta

Auch bei den Abstrakta im Nachfeld von OHNE ist diese Besonderheit zu sehen: Es sind intuitiv zwei Gruppen zu unterscheiden, (a) Abstrakta, die – zumindest im jeweiligen Kontext – eher negativ belegt sind, und (b) als neutral oder positiv angesehene abstrakte Substantive.

(a) negativ belegte Abstrakta

Dazu gehören Substantive wie beispielsweise *Anschlußpreis, Simlock* bzw. *SIM-Lock, Vertrag, Branding, Abo, Vertrag, Versandkosten, Grundgebühr, Risiko, Schufa* etc.

Vorfeld	OHNE	Nachfeld
Nokia 9300i mit Vertrag e-plus Time&More 100 -	Kein	Anschlußpreis
Nokia 6020 original -	kein	SIM Lock
Nokia 1600 mit Vodafone Basic	ohne	Grundgebühr
Siemens ME45 Rechnung mit Garantie	ohne	Versandkosten

Tabelle 41: OHNE und Abstrakta

Die Kombination aus dem Relator OHNE und einem durch das Weltwissen des Betrachters als eher negativ angesehenen Abstraktums sorgt dafür, daß das Hauptprodukt im Vorfeld des Relators insgesamt aufgewertet wird.

(b) neutrale bzw. positiv belegte Abstrakta

Hierzu zählen Substantive wie *Pumpensteuerung, Ladefunktion, Komprimierung, Schlaffunktion* etc.

Vorfeld	OHNE	Nachfeld
iPAQ H 38xx/ 39xx/ 54xx Dockingstation seriell/USB	ohne	Ladefunktion
LTO2 Autoloader 1/8 SCSI Open Connect, Mediatyp: LTO Ultrium 2, (	ohne	Komprimierung)

Tabelle 42: OHNE und Abstrakta

Sie beschreiben im allgemeinen eine Eigenschaft des Hauptproduktes. Ein Auftreten im Nachfeld des Relators OHNE führt jedoch dazu, daß diese Charakteristika als „nicht vorhanden" angesehen werden müssen und dadurch das Produkt eher abgewertet wird. Ähnlich ist es mit positiv belegten Substantiven, die sich auf das ganze Angebot beziehen, wie z. B. Servicevertrag. Treten sie mit OHNE auf, dann führt dies zu einer Abwertung des ganzen Angebotes, nicht nur des (Haupt-)Produktes.

5. Zusammenfassung und Ausblick

Zusammenfassend läßt sich sagen, daß komplexe Angebotsbeschreibungen stets einen oder mehrere Relatoren *r* enthalten, wobei die Anzahl der Relatoren selten > 3 ist. Entsprechend beträgt die Anzahl der Felder (Vor-/Nachfeld) r + 1. Treten mehrere gleiche oder verschiedene Relatoren gemeinsam auf, so können sie in beliebiger Reihenfolge kombiniert werden. Es ist dabei jedoch zu beobachten, daß immer der erste, d. h. am weitesten links stehende, Relator der „wichtigste" ist, denn dieser drückt die für das gesamte Angebot zentrale Relation aus.

Jeder Relator hat verschiedene morphologische Varianten bzw. kann durch Phrasen ohne den eigentlichen Relator ausgedrückt werden, so daß es sinnvoll ist, von den konkreten Ausprägungen zu abstrahieren und Relatorengruppen zu betrachten.

Die drei näher vorgestellten Relatoren FÜR, MIT und OHNE können zweifellos als die wichtigsten betrachtet werden. Sie weisen einerseits die höchste Frequenz auf, andererseits drücken sie auch die bedeutsamsten Relationen aus.

Je feiner schließlich einzelne Relatoren bzw. Kombinationen von Relatoren und ihr jeweiliges Vor- und Nachfeld analysiert und klassifiziert werden und daraus entsprechend feinkörnig auch Lexika aus Korpora aufgebaut werden, desto präziser ließen sich Produktdaten und Angebotstexte annotieren. Diese allein aus linguistischen Quellen gewonnenen zusätzlichen Informationen könnten im Zuge der Indexierung und Bereitstellung der Daten unter Berücksichtigung besonderer Aspekte gespeichert werden und wertvolle Unterstützung für eine verbesserte Suche liefern.

Ein Beispiel soll dies illustrieren: Wird eine Volltextsuche auf Angebotstexten durchgeführt, kann es in bestimmten Fällen sinnvoll sein, bestimmte Textstellen für bestimmte Queries als „Tabu" zu kennzeichnen. Einfachstes Beispiel ist die Kennzeichnung des Nachfeldes von OHNE als nicht suchbar, so daß beispielsweise ein Angebot, das den Text *ohne Vertrag* enthält, nicht für die Query *Vertrag* gefunden wird.

Ebenso kann z.B. durch Erkennen einer Zubehörrelation sichergestellt werden, daß die entsprechenden Angebote nicht als Suchergebnisse bei einer Anfrage nach dem Hauptprodukt erscheinen. Ein einfaches Beispiel: *Akku für Notebook*. Das *Notebook* ist natürlich im Angebotstext enthalten, stellt jedoch nicht einen Teil des eigentlichen Angebots dar. Fragt der Nutzer nun nach *Notebook*, sollte er idealerweise nur Angebote finden, die wirklich ein Notebook als Hauptprodukt haben, also keine Zubehörrelation aufweisen. Alles andere würde den Nutzer ziemlich bald die Suche abbrechen lassen, so daß er im schlimmsten Fall als potentieller Käufer verloren geht.

Der vorgestellte Ansatz ist mit Sicherheit dazu geeignet, verschiedene linguistische Informationen, die allein aus den Angebotsdaten stammen, zu nutzen, um die Produktsuche zu verbessern und damit das Auffinden der gewünschten Produkte zu erleichtern.

II. Eine Beispielanwendung

1. Der Hintergrund

1.1 Einbettung in die Prozeßarchitektur

Die in den folgenden Abschnitten beschriebene Umsetzung ist als Bestandteil eines größeren, modular aufgebauten Rahmenwerks konzipiert worden, das der Informationsextraktion (IE) aus Angebotstexten im Online-Shopping-Bereich und der darauf aufbauenden Klassifikation dieser Angebote dient. Die Anwendung stellt neben nicht-sprachlichen, algorithmusbasierten Filtern, wie z.b. einem Preisfilter, ein rein linguistisches Modul dar. Sie ist darauf ausgerichtet, regelmäßig und idealerweise im Zuge der Indexierung des Datenbestandes abzulaufen.

1.2 Ansätze für die Konstruktion von IE-Komponenten

Für die Konstruktion von IE-Komponenten gibt es grundsätzlich zwei verschiedene Ansätze: den *Knowledge Engineering Approach* und den *Automatic Training Approach*.

„The Knowledge Engineering Approach is characterized by the development of the grammars used by a component of the IE system by a "knowledge engineer," i.e. a person who is familiar with the IE system, and the formalism for expressing rules for that system, who then, either on his own, or in consultation with an expert in the domain of application, writes rules for the IE system component that mark or extract the sought-after information. Typically the knowledge engineer will have access to a moderate-size corpus of domain-relevant texts (a moderate-size corpus is all that a person could reasonably be expected to personally examine), and his or her own intuitions. The latter part is very important. It is obviously the case that the skill of the knowledge engineer plays a large factor in the level of performance that will be achieved by the overall system.
In addition to requiring skill and detailed knowledge of a particular IE system, the knowledge engineering approach usually requires a lot of labor as well. Building a high performance system is usually an iterative process whereby a set of rules is written, the system is run over a training corpus of texts, and the output is examined to see where the rules under- and overgenerate. The knowledge engineer then makes appropriate modifications to the rules, and iterates the process." [3]

---

[3] Appelt, Douglas E. und David J. Israel: *Introduction to Information Extraction Technology. A Tutorial Prepared for IJCAI-99*. SRI International: Menlo Park CA, 1999 (http://ranger.uta.edu/~alp/cse6331/ixtutorial.pdf), S. 7 [31.10.2006]

Die Herangehensweise beim *Automatic Training Approach* hingegen ist eine ganz andere:

> „Following this approach, it is not necessary to have someone on hand with detailed knowledge of how the IE system works, or how to write rules for it. It is necessary only to have someone who knows enough about the domain and the task to take a corpus of texts, and annotate the texts appropriately for the information being extracted. Typically, the annotations would focus on one particular aspect of the system's processing. For example, a name recognizer would be trained by annotating a corpus of texts with the domain-relevant proper names. A coreference component would be trained with a corpus indicating the coreference equivalence classes for each text." [4]

Zur Modellierung der im ersten Teil beschriebenen Strukturen und Relationen sowie zur Verarbeitung der Daten bietet sich aus verschiedenen Gründen besonders der Ansatz des *Knowledge Engineering* und der Formalismus der *Lokalen Grammatiken* an. Zu diesen Gründen zählen vor allem die Möglichkeit, relativ einfach und schnell Lexika aus den vorhandenen Daten erstellen zu können, aber auch die Notwendigkeit bestmöglicher Performanz des Systems und die Richtigkeit der Ergebnisse. [5]

---

[4] Ebd., S. 7f.
[5] Vgl. ebd. S. 10.

2. Das Werkzeug

Für die Entwicklung und Anwendung der Grammatiken wurde aus mehreren Gründen die Plattform Unitex in der Version 1.2 beta [6] gewählt. Sie wurde Ende der 90er Jahre von Sébastien Paumier am französischen *Laboratoire d'Automatique Documentaire et Linguistique* (LADL) entwickelt und basiert auf einer Idee von Maurice Gross.[7]

Unitex besteht aus einer in Java programmierten graphischen Benutzeroberfläche und einer Sammlung von in C und C++ geschriebenen Programmen. Es kann für die Verarbeitung natürlichsprachlicher Texte in mehr als 10 Sprachen eingesetzt werden. Unitex arbeitet auf morphologischer, lexikalischer und syntaktischer Ebene und greift dabei auf verschiedene linguistische Ressourcen und Werkzeuge zurück – Eigenschaften, die es nicht zuletzt auch für die Anwendung im Rahmen dieser Arbeit geeignet erscheinen ließen.

Die folgende Tabelle gibt einen Überblick über einige Merkmale von Unitex sowie die Vorteile, die sich daraus für die Arbeit mit diesem Werkzeug ergeben:

	Kennzeichen	Vorteil
Verfügbarkeit	freie Verfügbarkeit unter GPL und LGPL	Einsatz in einem kommerziellen Umfeld möglich
Modularität	modularer Aufbau: Sammlung unterschiedlichster Programme	Einsatz von Programmen einzeln oder in Kombination möglich, je nach Bedarf konfigurierbar und im Batchmodus einsetzbar
Schnittstellen	Benutzerschnittstellen • graphische Benutzeroberfläche (Java) • kommandozeilenbedient	erlaubt eine komfortable Entwicklung und Bearbeitung durch den Anwender erlaubt den Einsatz von (einzelnen) Programmen z.B. im Rahmen eines (Shell-)Skriptes
Portabilität:	Einsatz auf verschiedenen Plattformen möglich	Einsatz sowohl auf einem Server (Unix) als auch auf Workstations (Windows/Linux) möglich
Erweiterbarkeit	beliebige Erweiterbarkeit der linguistischen Ressourcen durch den Anwender	besonders wichtig für sehr domänenspezifische Anwendungen wie die hier vorliegende, die eine spezielle Terminologie erfordern
Modellierung	rekursive Transitionsnetzwerke, als leicht erstell- und wartbare Graphen zu realisieren	mächtiges Werkzeug für die Abbildung der Strukturen: gute kombinatorische Möglichkeiten → übersichtliche und komprimierte Abbildung

Tabelle 43: Charakteristika und Vorteile von Unitex

---

[6] Zum Zeitpunkt der Arbeit mit der Version 1.2 hatte diese noch den Status einer Betaversion, d.h. sie unterlag laufend Änderungen. Aus diesem Grunde existierten über längere Zeit mehrere Versionen von Unitex 1.2, die sich von der Bezeichnung her nur durch ihr Veröffentlichungsdatum unterschieden. Im Rahmen dieser Arbeit wurde die Version 1.2 beta vom 6. Juli 2005 verwendet. Die stabile Version 1.2 gibt es nun seit Sommer 2006 (letzte Aktualisierung 24.07.2006), sie wird jedoch aufgrund einiger grundlegender Änderungen an dieser Stelle nicht verwendet.

[7] Vgl. „What is Unitex?", http://www-igm.univ-mlv.fr/~unitex/index.html [9.11.2006]

3. Die Ressourcen

3.1 Das Korpus

3.1.1 Kennzeichen

Wie schon in Kapitel 1 des ersten Teils angesprochen, setzt sich das Korpus aus Daten zusammen, die von Händlern zur Beschreibung ihrer Angebote in ein Datenbanksystem eingespeist werden. Sie werden hierarchisch, d. h. gemäß ihrer Produktkategorie dem entsprechenden Knoten in der vorgegebenen firmeninternen Baumstruktur zugeordnet. Als Korpus für die Anwendung dienen hier – nicht zuletzt aus Gründen der Datenmengenbegrenzung und der besseren Vergleichbarkeit – nur Daten einer Produktkategorie, also eines bestimmten Knotens einschließlich der darunterliegenden Knoten. Es handelt sich hierbei um Produkte aus der Oberkategorie Telekommunikation. Die semantische und, soweit möglich, die syntaktische Konsistenz sind dadurch gewährleistet. Gleichzeitig werden jedoch Daten aller verfügbaren Händler berücksichtigt, so daß durchaus eine gewisse Heterogenität bei der Gestaltung der Angebotstexte in Kauf genommen werden muß. [8]

Allen gemein ist jedoch, daß sie mindestens ein Element aus einer der drei folgenden semantischen Klassen enthalten müssen: Gattungsnomen, die eine Produktklasse bezeichnen (z. B. *Mobiltelefon*), Markennamen und Modellbezeichnungen.

Um nun das Korpus für die gewünschte Kategorie zu erhalten, werden aus dem gesamten Datenbestand alle passenden Angebote geladen, mit weiteren Informationen versehen und in einer Datei abgelegt. Das hier verwendete Korpus hat folgende Merkmale:

• Anzahl der Angebote: rund 172.700
• Dateigröße: ca. 31 MB
• eine Angebotsbeschreibung pro Zeile
• jede Zeile mit folgender Struktur: START <ID> <Angebotstext> END

START und END wurden aus praktischen Gründen hinzugefügt, um Anfang und Ende jedes Angebots explizit zu markieren, da Unitex Zeilenumbrüche und mehrere aufeinanderfolgende Leerzeichen durch ein einziges Leerzeichen ersetzt und so die einzelnen Angebote nur schwer voneinander zu trennen wären. Die ID kennzeichnet jedes Angebot eindeutig anhand seiner Produktnummer, der Händlernummer und eines Länderkürzels. Die ID wird gebraucht, um nach der Verarbeitung das Klassifikationsergebnis wieder jedem Angebot korrekt zuordnen zu können.

Beispiele für Angebotszeilen aus dem Korpus:

START 7510de2599506 Sagem my Z-5 mit T-Mobile D1 Relax 50 Vertrag END
START 1641de1100BO Nokia 1100 blau ohne Vertrag END
START 7510de399526 VK-Mobile VK 1010 mit T-Mobile D1 Telly Profi Vertrag END
START 1402de927058-0 Nokia 5140i orange Handy (ohne Vertrag) END

---

[8] Siehe dazu auch Kapitel 1 im ersten Teil.

START 7947de6480450366 Nokia 1600 t-mobile D1 xtra inkl. 10E Startguthaben END
START 256deA509-162 Samsung SGH-E770 END

Für die vorliegende Anwendung werden Daten ausschließlich aus der Unterkategorie
Mobiltelefone berücksichtigt. Aus dieser Datengrundlage sollen Informationen extrahiert
bzw. Textstellen gekennzeichnet werden, die Aufschluß darüber geben, ob ein Angebot ein
Handy mit Vertrag oder ein *Handy ohne Vertrag* darstellt. Für diesen Zweck reicht es jedoch,
allein Informationen zu Verträgen auszumachen und zu markieren, die zusammen mit
einem Mobiltelefon auftreten. Kommen entsprechende Informationen nicht vor, fällt das Angebot automatisch in die Kategorie "ohne Vertrag".

Ausgangspunkt für die gesamte Anwendung war ursprünglich das Ziel gewesen, aus der
Menge der Angebote im Bereich Telekommunikation jene linguistisch zu erkennen, die ein
Set-Angebot darstellen. *Set* bedeutet in diesem Fall ein komplexes Angebot, das sich aus
einem Telefongerät sowie weiteren Elementen zusammensetzt. Diese weiteren Bestandteile
können Mobilfunkverträge, aber auch kategorieferne Geräte und Artikel wie z. B. Drucker
oder gar Teddybären sein, die nach dem *Bundle*-Prinzip zusammen angeboten werden.

Auch wenn die Anwendung in dieser Arbeit auf die Erkennung von Sets mit Vertrags-
bestandteilen beschränkt ist, so ist sie doch problemlos auf Sets aller Art erweiterbar.

3.1.2 Vorverarbeitung

Bevor mit dem Korpus gearbeitet werden kann, sind einige Vorverarbeitungsschritte notwendig. Diese werden sowohl mit Hilfe der Skriptsprache Perl als auch mit Unitex selbst
durchgeführt, das dazu über eine Reihe von eigenständigen, nacheinander ausführbaren
Programmen verfügt.

3.1.2.1 Normalisierung

Damit ein Text von Unitex überhaupt verarbeitet werden kann, muß er in der Kodierung
UTF-16 Little Endian mit *Byte order mark* sowie mit Zeilenumbrüchen in Form von *CR-LF*
vorliegen. Sollte dies nicht der Fall sein, kann Unitex den Text automatisch beim Öffnen
konvertieren und dabei entweder die vorhandene Datei überschreiben oder eine neue Datei
mit dem konvertierten Text anlegen. Dafür wird das Programm *Convert* verwendet.

Aus dem Text wird dann mit Hilfe des Programms *Normalize* eine gleichnamige Datei mit
der Endung .snt erzeugt, in der z. B. mehrere Leerzeichen und Zeilenumbrüche durch ein
einziges Leerzeichen ersetzt wurden.

Der normalerweise bei der Verarbeitung von Fließtext folgende Arbeitsschritt – die Mani-
pulation des Textes mit Graphen z. B. zur Satzenderkennung – wird, bedingt durch die
Gestalt des vorliegenden Korpus, ausgelassen.

33

3.1.2.2 Tokenisierung

Die normalisierte Textdatei wird danach mit dem Programm *Tokenize* anhand der durch die Sprachauswahl festgelegten Alphabetdatei (*Alphabet.txt*) tokenisiert. Dabei werden automatisch ein Verzeichnis namens <Korpus>_snt und eine Reihe von Dateien angelegt.

Folgende Übersicht zeigt die von Unitex generierten Dateien sowie die jeweils darin zur Verfügung gestellten Daten: [9]

Name der Datei	Inhalt der Datei
tokens.txt	Liste der Token des Textes in der Reihenfolge des Auftretens
text.cod	Liste von Zeigern auf *tokens.txt*, Indexdatei
tok_by_alph.txt	Liste der Token alphabetisch sortiert
tok_by_freq.txt	Liste der Token nach Häufigkeit sortiert
stats.n	statistische Daten: Anzahl Tokens/Types
enter.pos	Liste von Zeigern auf Zeilenumbrüche in *text.cod*

Tabelle 44: Name und Inhalt der von *Tokenize* generierten Dateien

Abbildung 1: Ausschnitt aus der Datei *tokens.txt*

3.1.2.3 Lexikalisches Parsing

Als nächster Schritt folgt die lexikalische Analyse des Korpus. Dazu werden das Programm *Dico* sowie die erstellten Lexika (siehe Abschnitt 3.2) auf die zuvor generierte Tokenliste *tokens.txt* angewendet. Dabei werden wiederum verschiedene Dateien erzeugt, deren Einträge alphabetisch sortiert sind und Teilmengen der im Text vorhandenen lexikalischen Formen darstellen. [10]

---

[9] Vgl. Paumier, Sébastien: *Unitex 1.2. Manuel d'Utilisation*. Université de Marne-la-Vallée, 2006: S. 26.
[10] Vgl. ebd. S. 26 ff.

34

Name der Datei	Inhalt der Datei
dlf	Simplizia, alphabetisch sortiert,
dlc	komplexe Formen/Komposita, alphabetisch sortiert, Klein-/Großschreibung unterschieden!
err	unbekannte Wörter, die von keinem der Lexika erkannt wurden

Tabelle 45: Name und Inhalt der von *Dico* generierten Dateien

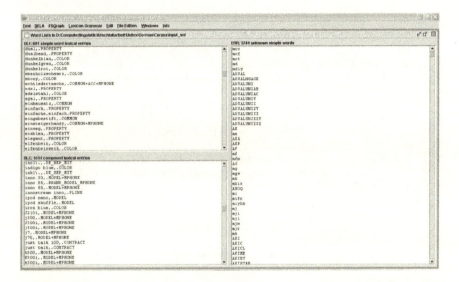

Abbildung 2: Ausschnitt aus den Dateien *dlf*, *dlc* und *err*

3.2 Die Lexika

Unitex kann sowohl mit den mitgelieferten Lexika[11] als auch vom Anwender erstellten Lexika verwendet werden. Diese Lexika müssen dem Formalismus DELA (Dictionnaires électroniques du LADL) entsprechen, der semantische, grammatische und flektivische Informationen kodiert.

Unitex kennt grundsätzlich zwei verschiedene Arten von DELA-Wörterbüchern. So gibt es einerseits den Typ DELAF (für Simplizia, bzw. DELACF für Komposita bzw. Mehrwort-lexeme mit Leerzeichen), der flektierte Formen enthält. Andererseits gibt es den Typ DELAS (bzw. DELAC), der Grundformen und Hinweise auf Flexionsklassen bzw. ihre flektivischen Merkmale kodiert.

---

[11] Lexika für das Deutsche gehören in der verwendeten Version zwar nicht zur Standarddistribution, können aber nachträglich installiert werden. In der späteren stabilen Version 1.2 gehört das deutsche Sprachpaket nun zur Standarddistribution.

Typ	Bezeichnung	Beschreibung
DELAS	DELA mots simples	einfache Wörter, ohne Flexionsmerkmale
DELAC	DELA mots composés	komplexe Wörter, ohne Flexionsmerkmale
DELAF	DELA formes fléchies	einfache Wörter, mit Flexionsmerkmalen
DELACF	DELA mots composés avec formes fléchies	komplexe Wörter, mit Flexionsmerkmalen

Tabelle 46: Übersicht über Lexikontypen des DELA-Formalismus

Im Rahmen dieser Untersuchung wird das Format des DELAF verwendet. Dabei werden die Einträge jedoch nicht in einfache und komplexe Formen unterschieden. Eine Unterscheidung erfolgt allerdings in semantischer Hinsicht, da für jede semantische Klasse (Markennamen, Abstrakta etc.) eine eigene Lexikondatei verwendet wird.

Ein Lexikoneintrag setzt sich im allgemeinen wie folgt zusammen:

<Vollform>,<Lemma>.INFO

Da im Rahmen dieser Arbeit eine Information zu Wortarten und anderen grammatischen Merkmalen nicht relevant ist, wird statt der von Unitex vorgegebenen Kodes rechts des Trenners ein selbstdefinierter *Tag* notiert, der einzig einen Hinweis auf die semantische Kategorie des Eintrages gibt.

<Vollform>,<Lemma>.KLASSE

Für die Anwendung der Grammatiken auf das Korpus werden ausschließlich selbsterstellte Lexika und Annotationskodes verwendet. [12] In der Phase der Erstellung der Lexika wird jedoch anfangs auch auf das für das Deutsche erhältliche Lexikonpaket zurückgegriffen, um möglichst viele Einträge schon vorweg annotieren zu lassen.

Bei den Lexikoneinträgen sind folgende Charakteristika von Unitex zu berücksichtigen:

• Groß-/Kleinschreibung

Um unabhängig von der konkreten Schreibung einer Wortform im Korpus zu sein, sollten Einträge in Kleinschreibung erfolgen, da damit sowohl Vorkommen in Klein- als auch in Großschreibung erkannt werden.

---

[12] Siehe dazu Abschnitt 4.1.2.

• Varianten in der Schreibweise

Durch die Verwendung des Metazeichens = bei komplexen Einträgen wird sowohl die Schreibung mit Leerzeichen, als auch die mit Bindestrich erfaßt.

beispiel=wörter,beispiel=wort.KLASSE

• Übereinstimmung von Vollform und Lemma

Sind beide Formen – Lemma und Flexionsform – identisch, reicht es aus, die Wortform nur einmal anzugeben und die zweite Stelle leer zu lassen.

<Wortform>,.KLASSE

Für die Anwendung der Lexika müssen die Einträge sortiert vorliegen und die Datei muß dann mit Hilfe des Programms *Compress* komprimiert werden. Dabei entsteht eine gleichnamige binäre Datei (*.bin), die den komprimierten Graphen als minimalen Automaten, einen sogenannten *directed acyclic word graph* (DAWG), enthält, sowie eine Textdatei (*.inf) mit Informationen für die Rekonstruktion des ursprünglichen Lexikons.

3.3 Graphen

Für die Darstellung vieler sprachlicher Phänomene und Strukturen bietet sich der Formalismus der sogenannten Lokalen Grammatiken an. Unitex stellt dabei Werkzeuge zur Verfügung, mit deren Hilfe Graphen zur Abbildung Lokaler Grammatiken leicht erstellt und visualisiert werden können. Diese Graphen sind bei Unitex in Form von sogenannten Rekursiven Transitionsnetzwerken (RTN) realisierbar. Dieser Formalismus ermöglicht den Aufruf von Subgraphen und erlaubt dadurch einen modularen Aufbau der Grammatik.

Diese Modularität bringt wesentliche Vorteile mit sich:

• übersichtliche Gestaltung
• einzelne Graphen für die semantischen Klassen
• bessere Wartbarkeit und Wiederverwendbarkeit von Graphen
• Markieren einer Information (Transduktorausgabe) automatisch in allen Kontexten, wo der entsprechende Subgraph eingesetzt wird

Für die Anwendung im Rahmen dieser Arbeit werden die Graphen in der Funktion eines *Transduktors* eingesetzt, das heißt, sie produzieren eine Ausgabe. Diese wird hier in Form von XML-konformen Tags realisiert, die die relevanten Stellen im Korpus mit der gewünschten Information kennzeichnen.

Grundsätzlich gibt es bei Unitex drei Modi für die Anwendung von Graphen auf einen Text. Ergebnis der Anwendung ist in allen drei Fällen eine Ausgabedatei im HTML-Format. Alle Fundstellen – die *Matches* der Grammatik – werden in dieser Konkordanz als Hyperlinks auf die Originaltextstelle sowie mit ihrem jeweiligen linken und rechten Kontext dargestellt.

Die Zeichenlänge für die Textpassagen auf beiden Seiten des Treffers kann dabei nach Belieben konfiguriert werden.

● *Ignore*
In diesem Modus bleibt der ursprüngliche Text unverändert.

● *Merge*
Hier wird der *Transducer-Output* vor, nach bzw. um den Match im Originaltext eingefügt.

● *Replace*
Im Ersetzungsmodus wird die erkannte Textstelle im Originaltext entfernt und durch die Ausgabe des Transduktors ersetzt.

38

4. Heuristik

Der Prozeß des *Knowledge Engineering* zum Auffinden und Kennzeichnen von Produktange-
botsmerkmalen umfaßt eine Reihe von Arbeitsschritten, die der Erstellung der einzelnen
Ressourcen dienen. Eine gewisse Reihenfolge ist notwendig, allerdings sind bestimmte
Arbeitsschritte je nach Bedarf immer wieder durchzuführen. Ganz allgemein sind vier
Schritte zu definieren:

1. Erstellen der Lexika
2. Erstellen der Lokalen Grammatiken in Form von Transduktoren
3. Anwenden der Grammatiken
4. Nachbearbeiten des annotierten Korpus

4.1 Erstellung der Lexika

Als Grundlage für die selbst zu erstellenden Wörterbücher dient vorrangig das reichhaltige
lexikalische Material aus dem vorhandenen Korpus bzw. Datenmaterial.

Um eine möglichst genaue Erfassung der bedeutungstragenden Bestandteile im Syntagma
durch Grammatiken zu gewährleisten, ist es sinnvoll, bei den Lexika eine feine Aufteilung
hinsichtlich semantischer Kategorien der lexikalischen Einheiten vorzunehmen und entsprechend eigene Dateien für jede Klasse anzulegen. Zudem erlaubt dieses Vorgehen eine
bessere Wartung der Lexika. Es werden also zum einen eigene Lexikondateien für die einzelnen Relatoren, zum anderen Lexika für Klassen wie Markennamen, Modellbezeichnungen,
Vertragsanbieter usw. benötigt.

4.1.1 Arbeitsschritte

Als Ausgangspunkt sind dafür zunächst die Wortlisten verwendet worden, die von Unitex
im Zuge der Korpusvorverarbeitung erstellt wurden.[13] Dabei wurden die für Unitex er-
hältlichen Lexikondateien (DELA) für das Deutsche verwendet, um möglichst viele Einträge
schon zu annotieren. Beispielsweise konnten auf diese Weise alle Adjektive extrahiert
werden und aus diesen dann Lexika für allgemeine Produkteigenschaften und speziell für
Farben erstellt werden.

Bei der Tokenisierung wurden allerdings nur Unigramme gelistet und auch durch die Anwendung der vorhandenen Lexika wurden nur wenige komplexe Einträge erkannt. Da aber
als Lexikoneinträge natürlich auch Mehrwortlexeme verschiedener Art sowie mehrteilige
Produktnamen und Bezeichnungen von Produktlinien (Marke + Modell) berücksichtigt
werden müssen, reicht eine reine Unigrammliste nicht aus. Mit einem einfachen Skript sind
daher auch weitere n-Gramm-Listen (bis n = 4) generiert worden.

---

[13] Siehe dazu Abschnitt 3.1.2.

Im nächsten Schritt wurden die n-Gramm-Listen manuell annotiert und dadurch semantisch klassifiziert. Durch diese manuelle Annotation der Wortlisteneinträge konnten eine hohe Genauigkeit gewährleistet und zudem auch problematische Wortformen erfaßt werden. Zu letzteren gehören insbesondere Formen mit Rechtschreibfehlern, Schreibvarianten mit Umlauten bzw. Umschreibungen mit ae/oe/ue oder ß/ss sowie Abkürzungen und fremdsprachige Varianten.

Als alle Einträge klassifiziert waren, konnten aus ihnen anhand der vergebenen Tags mit einem weiteren Skript die jeweiligen Lexikondateien generiert werden.

Neben dem aus dem Korpus selbst extrahierten Material konnten die Lexika zusätzlich durch unabhängige externe Quellen angereichert werden. Hierfür wurden zum einen beispielsweise Listen von Marken aus der firmeneigenen Datenbank, zum anderen auch selbst recherchierte Daten (z. B. Mobiltelefonmodelle) verwendet.

Durch die ständige Veränderung des Korpus – es kommen praktisch bei jeder Indexierung neue Angebotsdaten hinzu bzw. andere fallen weg – ist natürlich auch eine kontinuierliche Pflege des Wortmaterials notwendig. Unitex stellt dafür mit der Datei *err*, die bei der Tokenisierung des Textes generiert wurde und die unbekannten Token enthält, ein ideales Hilfsmittel zur Verfügung. [14] Sind die bereits vorhandenen Lexika auf den Text angewendet worden, dann enthält die Datei *err* nämlich alle noch nicht in den Lexika gelisteten Token. Diese können also wiederum manuell mit Tags klassifiziert werden, sofern sie eindeutig einer semantischen Kategorie zugeordnet werden können. Sollten Token nicht identifiziert werden können oder Bestandteil von Mehrwortlexemen u. ä. sein, können nähere Informationen recht einfach mit Hilfe eines Entwicklungsgraphen gewonnen werden. Dafür wird ein Graph erstellt, der die unbekannten Token als Disjunktion enthält. Damit kann nun eine Konkordanz erstellt werden, die die Kontexte liefert und dadurch Aufschluß über die Verwendung des Tokens gibt, z. B. als Bestandteil eines Mehrwortlexems oder einer Produktlinie.

4.1.2 Übersicht über die Lexikondateien

Der Name der Lexikondatei entspricht dabei in den meisten Fällen dem jeweiligen semantischen Tag der Lexikoneinträge.

---

[14] Siehe dazu Abschnitt 3.1.2.3.

4.1.2.1 Lexika der Relatoren

(1) SEP_MIT

```
mit,.DE_SEP_MIT
m\.,.DE_SEP_MIT
inkl\.,.DE_SEP_MIT
inkl,.DE_SEP_MIT
incl\.,.DE_SEP_MIT
incl,.DE_SEP_MIT
inklusive,.DE_SEP_MIT
inclusive,.DE_SEP_MIT
Lieferung inkl\.,.DE_SEP_MIT
Lieferung inkl,.DE_SEP_MIT
Lieferung incl\.,.DE_SEP_MIT
Lieferung incl,.DE_SEP_MIT
bestehend aus,.DE_SEP_MIT
zzgl,.DE_SEP_MIT
zzgl\.,.DE_SEP_MIT
```

Abbildung 3: Ausschnitt aus dem Lexikon SEP_MIT

Diese Lexikondatei enthält die Relatoren der Klasse MIT in ihren verschiedenen Varianten, jeweils kodiert mit der semantischen Annotierung DE_SEP_MIT, über die in den Graphen auf Einträge dieses Lexikons zugegriffen werden kann.

(2) SEP_OHNE

```
kein,.DE_SEP_OHNE
keine,.DE_SEP_OHNE
o\.,.DE_SEP_OHNE
ohn,.DE_SEP_OHNE
ohne,.DE_SEP_OHNE
```

Abbildung 4: Ausschnitt aus dem Lexikon SEP_OHNE

Alle Relatoren der Klasse OHNE sind in dieser Datei gesammelt. Auf sie kann über die Annotierung DE_SEP_OHNE zugegriffen werden.

Beispiel: `kein,.DE_SEP_OHNE`

(3) SEP_FUER

In dieser Datei finden sich alle Relatoren der Klasse FÜR. Sie sind mit dem Tag DE_SEP_FUER versehen.

```
als Ergaenzung f,.DE_SEP_FUER
als Ergaenzung f\.,.DE_SEP_FUER
als Ergaenzung fuer,.DE_SEP_FUER
als Ergaenzung fuers,.DE_SEP_FUER
als Ergaenzung für,.DE_SEP_FUER
als Ergaenzung fürs,.DE_SEP_FUER
als Ergänzung f,.DE_SEP_FUER
als Ergänzung f\.,.DE_SEP_FUER
als Ergänzung fuer,.DE_SEP_FUER
als Ergänzung fuers,.DE_SEP_FUER
als Ergänzung für,.DE_SEP_FUER
als Ergänzung fürs,.DE_SEP_FUER
auch für,.DE_SEP_FUER
f\.,.DE_SEP_FUER
fuer's,.DE_SEP_FUER
fuer,.DE_SEP_FUER
fuers,.DE_SEP_FUER
für z\. B\.,.DE_SEP_FUER
für's,.DE_SEP_FUER
für,.DE_SEP_FUER
fürs,.DE_SEP_FUER
geeignet f,.DE_SEP_FUER
geeignet f\.,.DE_SEP_FUER
geeignet fuer,.DE_SEP_FUER
geeignet fuers,.DE_SEP_FUER
geeignet für,.DE_SEP_FUER
geeignet fürs,.DE_SEP_FUER
ideal f,.DE_SEP_FUER
```

Abbildung 5: Ausschnitt aus dem Lexikon SEP_FUER

4.1.2.2 Lexika der generischen Konkreta

(1) COMMON

Dieses Lexikon enthält Appellativa aus allen Produktkategorien. Sie sind mit der Annotierung COMMON versehen. Gehören sie zur Kategorie Mobiltelefon, sind sie zusätzlich mit dem Tag MPHONE versehen. Sind sie außerdem als Zubehör einzustufen, kommt eine Annotierung mit ACC dazu.

Beispiel: `akkuladegerät,.COMMON+ACC+MPHONE`

(2) COMMON_MPHONE

In dieser Datei sind alle Gattungsnomen gesammelt, die als Bezeichner für Mobiltelefone fungieren. Sie haben die Annotierung COMMON+MPHONE erhalten.

Beispiel: `kamera=handy,.COMMON+MPHONE`

4.1.2.3 Lexika der Eigennamen (Marken- und Modellnamen)

(1) BRAND

Das Lexikon der Marken enthält alle Markennamen aus dem Gesamtkorpus aller Produktkategorien. Insbesondere für Marken aus dem Telekommunikationsbereich sind auch alle vorkommenden Schreibvarianten einschließlich fehlerhafter Formen enthalten. Sie sind mit der semantischen Angabe BRAND+MPHONE gekennzeichnet, so daß auf sie in den Graphen sowohl über den Aufruf BRAND als auch über MPHONE bzw. die Kombination von beiden zugegriffen werden kann.

> Beispiel: `sony ericsonn,sony ericsson.BRAND+MPHONE`

(2) BRAND_MODEL_MPHONE

Diese Lexikondatei enthält Kombinationen aus Marken- und Modellnamen. Sie sind mit BRAND_MODEL_MPHONE annotiert.

> Beispiel: `motorola v6 pebl,.BRAND_MODEL_MPHONE`

(3) MODEL_MPHONE

In diesem Lexikon sind Modellnamen aus verschiedenen Produktkategorien zu finden, sie sind mit MODEL gekennzeichnet. Handelt es sich außerdem um ein Mobiltelefonmodell, dann ist die semantische Annotierung um MPHONE ergänzt.

> Beispiel: `810 ad-3,.MODEL+MPHONE`

4.1.2.4 Lexika der Attribute

(1) PROPERTY

Das Lexikon beinhaltet alle Adjektive aus dem Korpus, allerdings keine Farbadjektive, für die es ein eigenes Lexikon gibt.

> Beispiel: `ultraflach,.PROPERTY`

(2) COLOR

In diesem Lexikon sind alle Farbadjektive gesammelt und mit COLOR annotiert.

> Beispiel: `aluminiumgrau,.COLOR`

4.1.2.5 Lexika der Vertrags- und Anbieterdaten

(1) CONTRACT

Diese Liste umfaßt Bezeichner für Vertragsentitäten, d. h. Namen von Mobilfunkverträgen bzw. vorausbezahlten Telefonkarten, den sogenannten Prepaid-Karten. Sie werden mit dem Tag CONTRACT versehen.

Beispiel: `just talk 100,.CONTRACT`

(2) NET

Die mit NET annotierten Entitäten in diesem Lexikon bezeichnen Anbieter von Mobilfunkdienstleistungen.

Beispiel: `simyo,.NET`

4.1.2.6 Sonstige Lexika

(1) ABS_MPHONE

In dieser Lexikondatei finden sich abstrakte Substantive aus der Produktkategorie Telekommunikation. Sie sind mit dem Tag ABS+MPHONE gekennzeichnet.

Beispiel: `anschlussgebühr,.ABS+MPHONE`

(2) SETWORD

Diese Datei enthält Substantive, die sogenannte Sets bezeichnen.

Beispiel: `komplettpaket,.SETWORD`

(3) PNC

Alle Interpunktionszeichen sind in der Lexikondatei PNC gesammelt und mit der gleichnamigen Klassenbezeichnung annotiert.

Beispiel: `!,.PNC`

4.2 Erstellen der Lokalen Grammatiken

4.2.1 Abstrahieren von Schemata

Ausgangspunkt für die Erstellung von Grammatiken sind zunächst die im ersten Teil gewonnenen generellen Erkenntnisse zum Aufbau von Angebotstexten. Um aber die einzelnen Angebotstexte feinkörniger beschreiben und die einzelnen Bestandteile – insbesondere Mobiltelefon- und Vertragsinformationen – genauer analysieren zu können, ist es notwendig, Schemata zu abstrahieren. Unterstützt durch die Ergebnisse aus dem Lexikongenerierungsprozeß – die semantisch fein gegliederten Lexika – können die einzelnen Bestandteile eines Angebotstextes identifiziert und semantisch klassifiziert werden.

Eine Auswahl möglicher Schemata, die von dieser Grammatik erfaßt werden sollen:

<BRAND>	<MODEL>			<MIT>	<NET>	<CONTRACT>	
<COMMON+MPHONE>	<BRAND>	<MODEL>		<MIT>	<NET>	<CONTRACT>	
<BRAND>	<MODEL>	<COMMON+MPHONE>		<MIT>	<NET>	<CONTRACT>	
<BRAND>	<COMMON+MPHONE>	<MODEL>		<MIT>	<NET>	<CONTRACT>	
<BRAND>	<MODEL>	<NET>		<MIT>	<NET>	<CONTRACT>	
<COMMON+MPHONE>	<BRAND>	<MODEL>	<NET>	<MIT>	<NET>	<CONTRACT>	
<BRAND>	<MODEL>	<COMMON+MPHONE>	<NET>	<MIT>	<NET>	<CONTRACT>	
<BRAND>	<COMMON+MPHONE>	<MODEL>	<NET>	<MIT>	<NET>	<CONTRACT>	
<BRAND>	<MODEL>			<MIT>	<ABS+MPHONE>	<NET>	<CONTRACT>
<COMMON+MPHONE>	<BRAND>	<MODEL>		<MIT>	<ABS+MPHONE>	<NET>	<CONTRACT>
<BRAND>	<MODEL>	<COMMON+MPHONE>		<MIT>	<ABS+MPHONE>	<NET>	<CONTRACT>
<BRAND>	<COMMON+MPHONE>	<MODEL>		<MIT>	<ABS+MPHONE>	<NET>	<CONTRACT>
<BRAND>	<MODEL>	<NET>		<MIT>	<ABS+MPHONE>	<NET>	<CONTRACT>
<COMMON+MPHONE>	<BRAND>	<MODEL>	<NET>	<MIT>	<ABS+MPHONE>	<NET>	<CONTRACT>
<BRAND>	<MODEL>	<COMMON+MPHONE>	<NET>	<MIT>	<ABS+MPHONE>	<NET>	<CONTRACT>
<BRAND>	<COMMON+MPHONE>	<MODEL>	<NET>	<MIT>	<ABS+MPHONE>	<NET>	<CONTRACT>

Tabelle 47: Beispiele für Angebotsschemata

4.2.2 Der Hauptgraph main.grf

Die Möglichkeit, mit Unitex die Graphen hierarchisch mit Subgraphen zu konstruieren, erlaubt es, die Strukturen der Angebotstexte exakt zu modellieren und sozusagen von außen nach innen ein mit jeder Subgraphenstufe feineres Parsing durchzuführen.

Der Aufbau der Grammatiken erfolgt rund um den Relator als zentrales Element. Der Hauptgraph **main.grf** spiegelt in seinem Aufbau zunächst die grobe Gliederung anhand der Reihenfolge der einzelnen Bestandteile eines Angebotstextes.

45

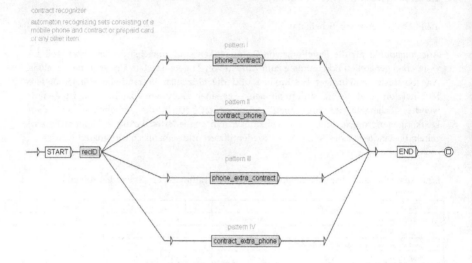

Abbildung 6: Hauptgraph **main.grf**

4.2.3 Die Subgraphen auf der zweiten Ebene

Über den Hauptgraphen werden die jeweiligen Subgraphen angesprochen, die entsprechend der Schemata der Angebotstexte benannt und aufgebaut sind. Auf dieser Ebene finden sich daher entsprechend der enthaltenen Bestandteile und ihrer Reihenfolge die folgenden zwei Gruppen von Grammatiken mit jeweils zwei Subgraphen:

46

4.2.3.1 Angebote mit Telefon – Relator – Vertragsbestandteil

Der Graph **phone_contract.grf** ist für die Erkennung von Angeboten konzipiert, die aus einem Mobiltelefon und einem Vertrag bestehen, wobei der Angebotstext genau die Reihenfolge Telefon – Vertrag aufweist.

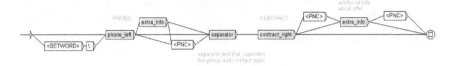

Abbildung 7: **phone_contract.grf**

Angebote mit der umgekehrten Reihenfolge der Bestandteile in der Angebotsbeschreibung sollen vom Graphen **contract_phone.grf** erkannt werden.

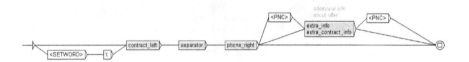

Abbildung 8: **contract_phone.grf**

4.2.3.2 Angebote mit Telefon – Relator – Vertragsbestandteil – weiteres Element

Angebote, die neben einem Telefon und einem Vertrag noch ein weiteres Produkt enthalten, sollen schließlich von den folgenden beiden Graphen – **phone_extra_contract.grf** und **contract_extra_phone.grf** – erkannt werden.

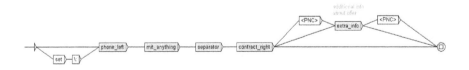

Abbildung 9: **phone_extra_contract.grf**

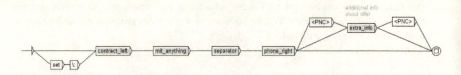

Abbildung 10: **contract_extra_phone.grf**

4.2.4 Die Subgraphen auf der dritten Ebene

Auf einer weiteren Subgraphenebene werden die einzelnen Bestandteile der Angebote – Telefon, Vertrag und eventuelle weitere Elemente – modelliert.

Bei **phone_left.grf** handelt es sich um einen Graphen zur Erkennung von Telefoninformationen, die am Anfang eines Angebotstextes stehen.

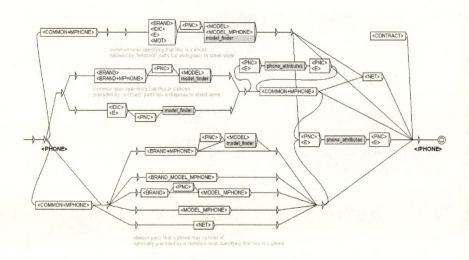

Abbildung 11: **phone_left.grf**

Entsprechend dient der Graph **contract_right.grf** auf derselben Ebene dazu, Vertragsinformationen rechts des Relators zu erkennen und um die gefundenen Stellen die Tags <CONTRACT> und </CONTRACT> einzufügen.

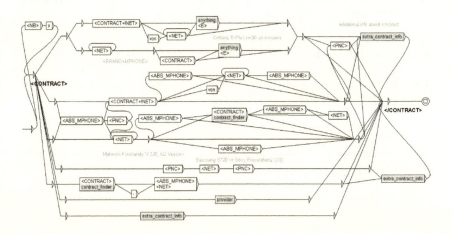

Abbildung 12: **contract_right.grf**

4.3 Anwenden der Grammatiken auf das Korpus

Die Entwicklung und die Anwendung von Grammatiken gehen Hand in Hand. Die Transduktoren annotieren die gewünschten Elemente, sofern sie erkannt werden, mit den gewünschten Tags. Für die konkrete Anwendung werden ausschließlich die Vertragsinformationen mit einer Transduktorausgabe – den XML-konformen Tags <CONTRACT> und </CONTRACT> – versehen.

Ergebnis ist die folgende Konkordanz (Ausschnitt):

```
START 11650de1000105-400-0 <PHONE> Motorola PEBL</PHONE> mit <CONTRACT> T-Mobile Basix</CONTRACT> END
START 11650de1000143-400-0 <PHONE> BenQ Siemens S75 Piano Black</PHONE> mit <CONTRACT> T-Mobile Basix</CONTRACT> END
START 11650de1000202-401-0 <PHONE> Nokia N71</PHONE> mit <CONTRACT> T-Mobile TellyProfi</CONTRACT> END
START 13642de1000178-509-0 <PHONE> Sony Ericsson W300i Black</PHONE> mit <CONTRACT> Original Base Internet Flatrate</CONTRACT> END
START 13642de1000186-500-0 <PHONE> Nokia 6111 pink</PHONE> mit <CONTRACT> Eplus Time & More 50</CONTRACT> END
START 13642de1000199-507-0 <PHONE> Samsung SGH-E370</PHONE> mit <CONTRACT> Eplus Time & More 500 Code 25</CONTRACT> END
START 13642de1000200-504-0 <PHONE> Samsung SGH-X700</PHONE> mit <CONTRACT> Eplus Time & More 50 Code 25</CONTRACT> END
START 13642de1000259-311-0 <PHONE> Nokia E70</PHONE> mit <CONTRACT> vodafone 50 UMTS Zuhause</CONTRACT> END
START 1641de202056_N5001 <PHONE> Nokia E61</PHONE> mit <CONTRACT> o2 Genion</CONTRACT> END
START 2733deTalklineHID861TID243 <PHONE> Motorola L6</PHONE> mit <CONTRACT>T-Mobile Relax 400 XL-Tarif</CONTRACT> END
START 2733deTalklineHID943TID231 <PHONE> Sony Ericsson W700i</PHONE> mit <CONTRACT> Vodafone KombiPaket Zuhause 250-Tarif</CONTRACT> END
START 2733deTalklineHID956TID183 <PHONE> Nokia 6233</PHONE> mit <CONTRACT>T-Mobile Relax 200-Tarif</CONTRACT> END
START 2733deTalklineHID953TID231 <PHONE> Nokia 6070</PHONE> mit <CONTRACT> Vodafone KombiPaket Zuhause 250-Tarif</CONTRACT> END
START 2733deTalklineHID970TID108 <PHONE> Nokia 8800 Sirocco Edition</PHONE> mit E-Plus Talkline 9. <CONTRACT>9 Cent S-Tarif</CONTRACT> END
START 4187de28koOmx2p1 <PHONE> Nokia 5140i</PHONE> mit <CONTRACT>D1 Telco 9,9 cent-Tarif</CONTRACT> END
START 4187de56ilq3iolk <PHONE> SonyEricsson W810i</PHONE> mit <CONTRACT> Vodafone 100</CONTRACT> END
START 4188de100119202410 <PHONE> Nokia 9210i</PHONE> + <CONTRACT> o2 Active 500</CONTRACT> END
START 4188de100146202112 <PHONE> Nokia 7610</PHONE> + <CONTRACT> Vodafone Minutenpaket 200</CONTRACT> END
START 4188de100166202112 <PHONE> Nokia 7260</PHONE> + <CONTRACT> Vodafone Minutenpaket 200</CONTRACT> END
START 4188de100166202290 <PHONE> Nokia 7260</PHONE> + <CONTRACT> E-Plus Time & More 50 Web Code25</CONTRACT> END
START 4188de100195202362 <PHONE> Nokia 6630</PHONE> + <CONTRACT> T-Mobile Relax 400</CONTRACT> END
START 4188de100234202110 <PHONE> Siemens - Xelibri 7</PHONE> + <CONTRACT> Vodafone Minutenpaket 50</CONTRACT> END
START 4188de100237202376 <PHONE> Siemens ST60</PHONE> + <CONTRACT> T-Mobile Phone House TPH 19</CONTRACT> END
START 4188de100246202443 <PHONE> BenQ-Siemens S65</PHONE> + <CONTRACT>O2 Genion Profi inkl. Flatrate</CONTRACT> END
```

Abbildung 13: Konkordanz mit annotierten Angeboten (Ausschnitt)

Anhand der gewonnenen Ergebnisse müssen nun die Graphen in einem iterativen Prozeß nach Bedarf verbessert und erweitert werden.

4.4 Nachbearbeitung des annotierten Korpus

Um nun die Angebote herausfiltern zu können, bei denen eine Vertragsinformation zu finden ist, müssen im nächsten Schritt der Verarbeitungspipeline mit Hilfe eines Skriptes die Angebote in der Konkordanz auf das Vorkommen des <CONTRACT>-Tags geprüft und dann die jeweiligen ID-Nummern extrahiert und gesammelt werden.

Die Informationen über einen Vertragsbestandteil können dann für jedes Angebot im Index abgelegt werden.

5. Evaluation und Zusammenfassung

5.1 Evaluation

Zur Beurteilung der durch die Anwendung der Grammatiken gewonnenen Ergebnisse werden bestimmte Evaluationsmaße herangezogen, die im allgemeinen der Bewertung von Information-Retrieval-Systemen dienen. Dazu werden die Dimensionen *Vollständigkeit* (engl. *Recall*) und *Präzision* (engl. *Precision*) gemessen. Auf die vorliegende Anwendung übertragen, wird wie folgt definiert:

5.1.1 Vollständigkeit

Mit Vollständigkeit wird der Anteil der relevanten, d. h. einen Vertrag enthaltenden, Angebote in der Ergebnisliste im Verhältnis zu allen überhaupt relevanten Angeboten bezeichnet. [15]

$$\text{Vollständigkeit} = \frac{|\{\text{gefundene Angebote}\} \cap \{\text{relevante Angebote}\}|}{|\{\text{relevante Angebote}\}|}$$

5.1.2 Präzision

Das Maß der Präzision bezeichnet die Anzahl der gefundenen und relevanten Angebote im Verhältnis zur Ergebnismenge. [16]

$$\text{Präzision} = \frac{|\{\text{gefundene Angebote}\} \cap \{\text{relevante Angebote}\}|}{|\{\text{gefundene Angebote}\}|}$$

5.1.3 Wahrheitsmatrix

Eine andere, etwas übersichtlichere Art, die Ergebnisse darzustellen und daraus Präzision und Vollständigkeit abzuleiten, ist die Berechnung von vier Eckzahlen: den *true positives*, *false positives*, *true negatives* und *false negatives*. [17]

Mit *true positive* (TP) werden die gefundenen und relevanten Elemente bezeichnet, die gefundenen, aber nicht-relevanten Elemente entsprechend als *false positive* (FP). Die nicht-gefundenen Elemente, die aber relevant wären, nennt man *false negative* (FN). Die weder gefundenen noch relevanten Elemente werden mit *true negative* (TN) bezeichnet.

---

[15] Carstensen et al. 2001: S. 433.
[16] Ebd.
[17] http://de.wikipedia.org/wiki/Recall_und_Precision [15.12.2006]

Die Vollständigkeit wird nun wie folgt berechnet: Man teilt die Anzahl der gefundenen und relevanten Ergebnisse durch die Summe der überhaupt relevanten Elemente, den gefundenen und nicht-gefundenen.

$$R = TP / (TP + FN)$$

Die Präzision berechnet man, indem die Anzahl der gefundenen und relevanten Ergebnisse durch die Summe der überhaupt gefundenen Elemente teilt:

$$P = TP / (TP + FP)$$

5.1.4 Bewertung

Zur exakten Berechnung der Evaluationsmaße ist es natürlich nötig, die Gesamtanzahl der Angebote mit Vertragsinformationen im Korpus zu kennen. Angesichts eines Korpusumfanges von 172.763 Angeboten ist es jedoch leider nicht möglich, die Anzahl der relevanten Angebote exakt zu ermitteln. Statt dessen wird ein Teilkorpus verwendet, das 10.000 Angebote des ursprünglichen Korpus enthält.

Von den 10.000 Angeboten sind insgesamt 9.248 relevant und 752 nicht-relevant. Die Ergebnismenge enthält insgesamt 8.176 Angebote.

Für die vorliegende Anwendung wurden folgende Ergebniswerte ermittelt:

		relevant	9.248	nicht-relevant	752
gefunden	8.176	TP	7.911	FP	265
nicht-gefunden	1.824	FN	1.337	TN	487

Tabelle 48: Wahrheitsmatrix

Mit den konkret vorliegenden Zahlen ergibt sich daraus:

Vollständigkeit $\quad$ R = 7.911 / (7.911 + 1.337) = $\quad$ **85,5 %**

Präzision $\quad$ P = 7.911 / (7.911 + 265) $\quad$ = $\quad$ **96,7 %**

5.2 Zusammenfassung

Das Ziel der vorliegenden Arbeit war es zum einen, Angebotsbeschreibungen von Online-Shopping-Portalen auf syntagmatische und paradigmatische Eigenschaften hin zu untersuchen, zum anderen, die gewonnenen Einsichten für eine spezielle Anwendung zu nutzen.

Insgesamt konnten gute Ergebnisse erzielt werden. Es ist zwar einerseits festzustellen, daß die Vollständigkeit mit 85,5 % nicht ganz zufriedenstellend ist, d. h. es werden eine ganze Menge relevanter Angebote gar nicht erkannt. Andererseits ist jedoch die Präzision mit 96,7 % erfreulich, d. h. die erkannten Angebote sind in den meisten Fällen auch richtig erkannt worden.

Das größte Problem der Anwendung ist, daß der Aufwand für die Erstellung und Pflege sehr groß ist. Durch die stetige Veränderung des Angebotes an Mobiltelefonprodukten vor allem durch die Entwicklung immer neuer Modelle müssen insbesondere die Lexika kontinuierlich gepflegt werden. Wird dies nicht regelmäßig getan, läßt die Performanz beim Einsatz in einem produktiven System vermutlich schnell nach.

Zum Einsatz von Unitex ist zusammenfassend zu sagen, daß es nicht optimal geeignet ist, wenn es nur darum geht, Texte auf bestimmte Merkmale hin zu untersuchen. Dafür wären andere Ansätze, wie z. B. ein Skript mit regulären Ausdrücken, bei weiterem besser geeignet. Um jedoch die Strukturen relevanter Angebotstexte bei Bedarf feinkörniger zu modellieren und gewünschte Informationen zu extrahieren, eignen sich Unitex und Lokale Grammatiken hervorragend.

53

Tabellenverzeichnis

Abbildungsverzeichnis

Literaturverzeichnis

Appelt, Douglas E. und David J. Israel: *Introduction to Information Extraction Technology. A Tutorial Prepared for IJCAI-99*. SRI International: Menlo Park CA, 1999. [http://ranger.uta.edu/~alp/cse6331/ixtutorial.pdf]

Carstensen, Kai-Uwe et al. (Hrsg.): *Computerlinguistik und Sprachtechnologie. Eine Einführung.* Spektrum Akademischer Verlag: Heidelberg, 2001.

Gross, Maurice: „A Bootstrap Method for Constructing Local Grammars". In: *Contemporary Mathematics. Proceedings of the Symposium.* University of Belgrad: Belgrad, 1999.

Gross, Maurice: „The construction of local grammars." In: Roche, E. and Y. Schabès (Hrsg.): *Finite-State Language Processing.* MIT Press: Cambridge, MA, 1997: S. 329-354.

Paumier, Sébastien: *Unitex 1.2. Manuel d'Utilisation.* Université de Marne-la-Vallée, 2006.

„What is Unitex?"[http://www-igm.univ-mlv.fr/~unitex/index.html]